大是文化

Just Send the Text

暈船診療室

解決現代人的數位愛情焦慮，
辨識渣男，已讀不回是上好的測試劑！

暢銷兩性作家
凱蒂思·佳莉莉
Candice Jalili◎著
謝慈◎譯

目錄

第一章

數位約會常見的三大障礙

第二章

當你接受「單身也不錯」，對的人就會出現

第三章

暈船總是難免的，但有些人你永遠不必等

第四章

被拒絕，未必真的被拒絕 161

第五章

任何想探查對方的想法，都請放棄吧！

第六章

第七章

後記

推薦序一

對方已讀不回，又讓你焦慮到胃食道逆流了嗎？

諮商心理師、愛情教練／瑪那熊

拜科技與網路所賜，我們進入了全新的戀愛戰場。

推陳出新的交友軟體成為廣大卻又深藏玄機的漁場，臉書與ＩＧ除了是我們日常必備品，同時也是情場攻防的重要武器，用來展現生活、認識彼此。這些看似符合人性的科技產物，卻也增加了許多人的困擾：

「為什麼對方又已讀不回了？」

「我該回什麼，才能讓他對我有好感？」

「這樣的訊息與照片適合傳給他嗎？對方會有興趣嗎？」

「怎麼辦，一直沒有配對到對象，是我條件太差嗎？」

「唉，配對到才傳幾句訊息，就被對方句點了！」

「他傳這些話，是對我也有意思嗎？還是只想玩玩？」

這些網路工具能打破時間、空間的限制，並突破當下的生活圈，讓你認識到現實生活中可能永遠不會有交集的對象。當然，雙方能否繼續互動、進一步發展，與訊息內容息息相關。

我本身除了是諮商心理師，也是幫單身者脫離單身的約會教練，其中一種工作模式，就是在看過單身者提供的對話截圖後，為他進行網聊診斷。容易讓別人「已讀不回」的訊息有很多種，例如：不斷問安讓對方感到厭煩、自以為關心而頻繁詢問對方行程、因為缺乏話題而傳送大量梗圖……。

表面看起來，**傳這些「地雷訊息」似乎是因為我們缺乏互動技能、不熟悉**

網路生態，但更深入來看，往往是因為內心的「焦慮感」在作祟。

「過了這村，沒下家店」的心態，其實對脫單有著非常嚴重的負面影響：你會很怕錯過對方，除了開始放大對方的每個訊息，也會對他的一舉一動過度腦補。最糟糕的是，你很可能對自己越來越沒信心，並且因為害怕「失去對方」而更加焦躁。

於是你變成了一個「盧洨」（無理取鬧）的人，整天盯著手機看是否有新訊息、瘋狂傳訊息企盼得到他的回應。最後，很高機率走向獨自暈船的結局：從一開始已讀不回、不讀不回，到最後被封鎖。

同樣的情況重複發生幾次後，我們會變得更加焦慮、煩躁，而這些情緒又讓你與新對象的互動更不順。當我們逐漸失去自信、懷疑自己，很容易在情場成為一位死纏爛打的人，陷入更悲劇的惡性循環。

這本書的核心內容，就是要解決「情場焦慮」這個大魔王。作者並非教你「傳什麼訊息，對方會立刻產生好感」，而是先從根源協助你建立自信，進而緩減因為焦慮而產生的各種地雷行為。

貫串全書的主要觀念，就是在告訴我們「不要怕對方已讀不回」，因為當你過度在意「為什麼他還沒回？」時，很容易開始質疑、貶低自己，而且這也代表著，你將生活重心放在對方身上、總是圍繞著對方轉動。

然而，情場的勝利者絕非依靠追求討好，你應該視自己為主角，把重要的時間與精力留給自己，透過展現個人魅力，讓對方主動靠過來。

另外，本書也精闢分析了渣男、綠茶婊的網路伎倆，幫你判斷自己是否遇到瞎咖，以及如何逃離這些爛桃花的方法。我非常認同作者的觀點，跟這些人耗在那兒，只是在浪費自己的時間，也阻擋了「對的人」進入你的生活。

回到最初所說，網路工具帶來許多機會與可能性，但懂得篩選與停損才能享受它的優勢，更有效率邁向脫單！祝大家情場順利！

推薦序二

只要對的人出現，真實的你一定迷人得恰到好處

YouTuber & 作家／SKimmy 你的網路閨蜜

「只要對的人出現，真實的你（包含奇怪的那部分）一定迷人得恰到好處。」作者寫在前言裡的這句話，實在打中我心坎。不過，大家可能不知道，這句話裡面所說「對的人」，應該有兩位。

第一位是「對的自己」，達到這「對的狀態」的自己，就像是一個敲門磚、一張通行券，代表你終於符合資格，可以跟那些亂七八糟的智障壞伴侶、心累瞎感情說再見，不會再像作者過往那樣，只要一談戀愛，就從一個相對正

常的人，變成一個充滿焦慮緊張的混亂生物。

在《暈船診療室》一書裡，作者自曝年少時挫敗又悲慘的好笑情傷，引用社會學家整理的「現代擇偶市場現況」，又分享了各種好友、讀者的故事，雖然是遠在美國的專欄作家，但能讓你感覺——她好像活生生的正跟你一起坐在咖啡廳，談論著彼此周遭男男女女的感情困擾。

她幽默的創造了「尤妮思」這個愛稱，來泛指那些在感情裡焦慮、難受、無助的苦主們（也可以說是「暈船仔」）。在閱讀的過程中，我不只一次想說：「嘿，我以前也完全就是個尤妮思呢！」

但是，就如同作者所說，**會變成尤妮思，其實只是自我保護失敗而已**。受傷過的任何人，都對痛苦記憶猶新，都不想再次面對那種不適。然而，她也已經替我們解惑了，她說：「為了預防心碎所採取的行動，有哪一項真的有效？」

「他人即地獄」，這句話讓越來越多人感同身受。我們抱持著焦慮與恐懼，去和周遭的朋友、對象相處，又常常因為對方的所做所言，而勾起更深的自我懷疑與隱憂。在本書中，作者提供了七個簡單方法，能夠讓你更輕鬆、更坦然去面對關係裡的自己。是的，**不是「更輕鬆的面對關係」，而是面對「關係裡的自己」**。

作者已經貼心的整理好九九八十一種，現代人常見的「尤妮思症狀」（每一項都是通往幸福關係的超級絆腳石），甚至連出現什麼情況時該暫停使用交友軟體，都清楚的告訴你。我驚覺自己中了大概一．五項，而我確實也在大約兩個星期前，決定把交友軟體移到主畫面最後一頁的角落。

其實，不僅僅是交友軟體，我們從出生就開始源源不絕的社交，跟親戚社交、跟同學社交、跟師長老闆社交、跟客戶社交、跟約會對象社交。有時候，這些社交甚至不是出於自願，而是出於壓力與焦慮。

很多人在這其中感到精疲力竭，不斷強迫自己去變成一個「更能適應社交活動的人」，直到你的社交生活在某個時刻，真的變成了一場地獄修羅場。

本書旨在陪伴大家從自我出發，透過幽默風趣的文筆，揭露眾多「交友鬼打牆」的背後真相，幫助我們先從平息自我懷疑、排解內心焦慮的根本做起。

當我們從「焦慮的自己」蛻變到「對的自己」，就能在他人即地獄的混亂修行中，找到「唯你是天堂」的另一半、親密好友群。在這些「天堂般的關係」裡，你的伴侶或對象會和你同樣在乎你的幸福，但這並不是因為上天奇蹟似的把這個對象從天堂扔到你家後院，而是因為你改變了，你變得懂得如何安頓自己、追尋幸福，所以也吸引來志同道合的人生夥伴。

前言
把心裡的訊息送出吧，不要怕暈船！

讓我先交代一下故事背景：當時是二〇一〇年初期，我在聖塔克拉拉大學（Santa Clara University）讀三年級，並且正和一個「算不上男朋友」的三年級男孩墜入愛河，就叫他傑克（Jack）吧。我們第一次見面是在姐妹會的冬季舞會上，那時共同的朋友想撮合我們。

先聲明：那時我才大學，又是姐妹會的交誼活動，而且我醉了，記不清楚那個晚上我和傑克之間的所有細節，但我可以說說自己記得的。

我們在最老套的地點見面——舞會前的小派對，辦在一間破舊公寓裡。我們共喝一杯香檳（再說一次，那時只是大學生），而他嘲笑我放在皮包裡當點心的鹹餅乾。

在正式舞會上，我們都非常有默契的認為當天供應的中國菜很糟，然後一起跳了幾支舞。我嘗試做了一些舞蹈動作，但沒有成功。喔，期間我們似乎打了個賭，內容我至今仍想不起來，但顯然如果我輸了，就得在午夜給他一個吻。

毫無意外，我輸了。於是舞會結束後，我們在我的宿舍前接吻。當時，我很肯定自己遇上了一生的真愛！我甚至還記得他傳給我的第一封訊息：「嗨，我是傑克。盡量用簡訊聯絡吧，非必要別打這支電話。」這封訊息在晚安吻後五分鐘左右傳來。

我記得自己躺在宿舍的超大雙人床上，反覆讀著這封訊息，一邊期盼室友梅格（Meg）可以起床，聽我訴說自己如何墜入愛河，無法自拔。但更重要的是，我希望她醒來，幫我想想該如何回應。

因為對當時的我來說，**愛上某人，意味著嚴重的自我懷疑，將排山倒海的向我襲來**。最好的例子就是，認識傑克不久後，我就從一個（相對）正常的人，變成一個充滿焦慮緊張的混亂生物。

為什麼喜歡上傑克會讓我如此焦慮？那時的我認為男生只對會喝啤酒、在性愛上很開放、討厭承諾、不回訊息的「酷女生」有興趣；假如我能把自己變成那種酷女生，或許還有點機會。但我覺得，想靠著「做自己[1]」來贏得青睞的可能性，就跟老天突然下起紅雨一樣低。

除了和上述的酷女生幾乎完全相反之外，還有兩個理由令我無法相信他會喜歡我真實的模樣。首先，我已經在我們的關係中建立了強烈的權力不對等[2]，我把傑克放在最上層，自己則屈居最底部。

對於自己在他面前的一舉一動，我都會嚴苛批評；相反的，他在我眼中不可能做錯任何事。發現自己喜歡上他的那一刻，他就降臨在我想像中的王座上，怎樣都拉不下來。他不再只是無聊派對上遇到的、有點可愛的男生。他成了我夢想中的男性、完美的人。**沒錯，我暈船了**。

我們就像《手札情緣》（*The Notebook*）的男女主角，或是《羅密歐與茱麗

1 讓我澄清一下，當時的「自己」是會喝香檳、還沒交往前只能接吻、渴望對方給我承諾、秒回訊息、一點也不酷的女生。

2 在這裡是比較不嚴謹的定義（笑）。

葉》（*Romeo and Juliet*），又或是影集《辦公室風雲》（*The Office*）……。那時我深深為他著迷，而當妳已經如此努力追求一個在舞會上認識的男生，要妳放鬆一點可以說難如登天。

裝酷，只會讓真正的你沒機會被認識

我的不安感有很大一部分源自我的情史，我那匱乏的感情發展。一直到二十三歲，我才真正進入一段「正式」的戀愛關係，而這段感情也延續至今。換句話說，那時的我還不曾順利和喜歡的人建立關係；在那之前，我的感情都如煙火般瞬間消逝無痕。

我不斷害怕自己的感情又無法開花結果，**一旦感受到最輕微的心動，我的潛意識就會開始為無法避免的悲劇結局做準備**。為什麼穩穩坐在我心中「王座」上的傑克，會想和我這個沒經驗的無聊女生約會呢？他和其他那些（無論理由為何）決定不想和我發展「正式關係」的男生，會有什麼不同嗎？

我的心中認定，若想和傑克這樣完美的男生在一起，我唯一的方法就是每一步都精密計算，直到順利到手為止。這代表當他邀請我看比賽時，我得選擇拒絕他，坐在房間裡咬手指，因為很顯然，**我得裝得酷一點**。

這也代表我要把他的「嗨，我是傑克。非必要別打這支電話。」或是其他訊息都立刻截圖，傳給所有朋友，讓他們幫我設計最完美的回覆。我不記得最後回了什麼，或許只是酷酷的「ＯＫ」吧。

我會花好幾個小時和朋友討論，第一次一起過夜後他說的：「我好像有點喜歡妳」是什麼意思？是他用特殊的幽默感向我告白……或是他真的沒那麼喜歡我？「好像」到底是什麼意思？

我會假裝自己知道「69」是什麼意思——數學課出現這個數字時，大家都在笑，但是這組數字到底是怎麼轉換成性愛體位？

然而，到頭來還是一場空。幾個月以來，我在傑克身邊都表現得很奇怪，而我們之間的曖昧就這麼消失了。接下來我和另一個相處起來舒服，但感覺比較平淡的男生交往，而傑克也換了好幾任女友。當然，我會花好幾個小時研究那些女生的社群網站。

七月時（那時傑克已幾乎消失在我的生活中），我和一些朋友以及那個平淡交往的男生一起出門慶祝，而我驚喜的發現傑克傳來了「生日快樂」！那一條訊息最後變成好幾個星期的線上互動，最後我甚至找了個藉口，開兩個小時的車回學校，只為了見見在那裡過暑假的他。

雖然我不斷告訴自己，這次會不一樣，但事情並非如此。他還是明顯的沒那麼喜歡我，我也依然明顯的會在他面前感到焦慮，並處心積慮想做些什麼。**每次我覺得很酷的手段**——例如暗示自己會和其他男生約會，或是假裝自己花兩個小時去找他沒什麼大不了——**都只會讓我們之間更加不對勁**。最後和他分開時，我真的已經精疲力竭。

我之所以疲憊，並不只是因為那晚的尷尬事件（其中包含了我試圖和他接吻，他卻巧妙化解成柏拉圖式的擁抱）；過去六個月來，我努力讓他愛上我，而這快將我榨乾了。我試著變成想像中的「完美」模樣，卻讓自己不成人形。即便我很喜歡他，但過程中卻漸漸失去他，也迷失了自己。**傑克從來沒有**

機會認識真正的我，就算他真的喜歡上我裝出來的樣子，那也只是個焦慮不安的外殼而已。

因此，我決定傳一封訊息給他。這次，我沒有和任何人分享或討論、我沒有寫八千個版本的草稿；相反的，我放任思緒奔馳，寫下累積至此的所有想法。我說我很喜歡他，也很遺憾對他的好感讓我變得奇怪，使他無緣認識真正的我。

而你猜怎麼著？我們訂婚了！

好啦，開玩笑而已。他沒有回應。沒錯，我為了他緊張焦慮好幾個月，他卻直接消失了。我掏心掏肺，得來的卻是已讀不回。但，令我驚訝的是，我並沒有因此而活不下去（相信我，當時會有這種感覺的），差不多十年過了，我還在這裡，活著說這個故事。

別誤會，我的意思是，在隔天意識到他不會回覆後，我坐在老媽家客廳的沙發上，對著朋友柯莉（Cori）哭訴了一個多小時。幾個星期後，我看到傑克在社群網站的發文（這證明他還活著，有手機，一定看了我傳的訊息）。然後我感到怒不可遏。

然而一段時間後，我的世界不再繞著他轉，這不是因為我遇到新的追求對象；我之所以能繼續前進，是因為我的心態不同了。我領悟到**別人是否喜歡我，和「我自己的感覺」沒有直接關係**。我花了六個月的時間追求他，幻想我倆共築未來；被殘酷的拒絕當然很痛，但正因此，我才明白就算沒有他，人生依然可以很美好。

不過我還是得為他說幾句話，在秋天回到學校後，他的確有為消失向我道歉，但有趣的是，我當時根本不在乎了。回顧這場和傑克有關的大戲，我唯一不後悔的就是傳了那封訊息；因為這是我唯一讓他看見自己真實樣貌的時候，雖然他拒絕了我。

送出訊息，就能放下焦慮

我花了大把時間在他身上，幾乎把自己逼瘋，卻能如此快速的放下。我經歷了自己無比害怕的心碎……但最後還是活了下來。老實說，我甚至覺得自己比過去六個月來都更好！勉強改變自己的壓力突然解除了，自由的感覺，比盛夏跳進沁涼的游泳池更讓人煥然一新。

傑克的已讀不回讓我明白了關於我們的一切，我花了好幾個月追逐一個不愛我的人，而他甚至連回覆都不肯；我浪費的半年生命，無論用在其他任何地方都會更加值得。**我只花了一封簡訊，就從焦慮和痛苦中解脫**。

是的，解決關係焦慮的真諦就是：「不要害怕已讀不回，把心裡的訊息送出吧！」但這絕不僅僅是在半夜盛怒之下，傳訊息給自己喜歡了幾個月的人而已。重點在於跟隨你的直覺，在於改變想法，不要為了贏得別人的喜愛而勉強改變自己。

重點在於心裡有著「我們現在是什麼關係？」的想法時，就勇敢的問出口；你應該勇敢告訴對方，自己想要的是一段「關係」，就算這可能會使他卻步也一樣。還有，在回應對方傳來的「哈囉」之前，不需要先問過七個朋友。

假如看到對方社群網站的貼文會令你墜入痛苦漩渦，那就該封鎖對方。你應該驕傲的展現自己所有令人尷尬的獨特之處，而且請明白這點：**只要對的人出現，真實的你（包含奇怪的那部分）一定迷人得恰到好處**。

最重要的是，《暈船診療室》能將你從焦慮和失眠中拯救出來，不再執迷於一個沒那麼重要的笨男孩（或是女孩，或是跨性別者，總之是任何你迷戀的人）。

我知道被傑克拒絕的這個故事可能會讓某些人懷疑，「勇敢傳訊息」這方法真的有用嗎？讓我說個成功案例吧。

我目前的室友摩根（Morgan）是我從小的好朋友，她可以說是「傳訊息」界的女王；她總能自然而然的接納自己，從不會自我質疑，特別是在面對感情的時候。

關於和現任男友羅伯（Rob）的交往過程，她告訴我：「我只是跟隨自己的感覺而已。那天我們偶然間上了床，但彼此是同事，所以很尷尬，得假裝什麼也沒發生。隔天我去參加一個派對，期間我們一直互傳訊息，過程有點無聊，問些類似『你在幹嘛？』的問題，但又沒有具體的下一步。然後我突然覺得：

我不想待在這，而是想和他在一起。所以我很唐突的傳了訊息問他：『要不要和我在一起？』」

「他其實是個玩咖，當時公寓裡有別的女孩，但他覺得我這一步夠直接坦白、很有膽量，於是有了和我交往的想法。他把那女孩請出去，接著邀請我到他家。」摩根繼續說：「後來我帶著披薩出現，如今我們已經交往三年了。」

回顧這段往事，摩根一點也不後悔：「我想不到有任何不傳那封訊息的理由。」她聳聳肩，說道：「即便他說：『不，我只是想上床』，很直接的拒絕我，也算是幫我省了時間。我可是很忙的！」

摩根的心態（也就是本書的中心思想）最棒的地方，就是她**從一開始就開誠布公，立刻消弭了所有的焦慮**。她和羅伯交往時，並沒有想著：「天啊，我好喜歡他，該怎麼做才能讓他也喜歡我？」相反的，她決定亮出自己所有的手牌。假如對方感興趣，那很好；假如沒有，她可以不浪費時間也不後悔的繼續前進。

好的，我和摩根的故事都說完了。那你的呢？你希望這本書能幫你什麼？

這麼問問自己吧：建立關係的期間，我是否不時感到焦慮？這裡有個不錯的清單供你參考：

- 認為自己喜歡的人不可能會喜歡你。
- 在喜歡的人面前因為緊張而表現失常。
- 為了避免表現得太迫切，刻意隱瞞自己想要的關係或說謊。
- 覺得自己在初次約會時，沒辦法展現出真面目。
- 擔心暗戀對象看到自己的素顏會立刻就沒了興趣。
- 在詢問自己「搭上」[3]的對象之前，先問了朋友、媽媽或計程車司機認為你們的關係是什麼。
- 為了裝酷，刻意不看暗戀對象的限時動態。
- 接觸喜歡的人之前猶豫再三，只怕對方嫌你煩。
- 因為害怕永遠單身，所以選擇屈就。
- 因為感情的事情而失眠。

- 為了裝酷，表現得沒那麼喜歡對方。
- 太在意對方是否看了你的限時動態，甚至過度解釋。
- 認為如果和喜歡的人在交往前先上床，只會無疾而終。
- 對於孤單終老的可能性感到壓力山大。
- 覺得如果表現真實的自己，對方就不會愛你。
- 害怕主動展開「確認關係」的談話。
- 傳每一封訊息前，都要和朋友再三確認。
- 把對方的每則訊息都截圖，傳給朋友一起分析。
- 擔心自己交友軟體的大頭照不夠性感、有趣或帥氣。
- 太過緊張，沒辦法主動追求吸引你的人。
- 故意拖很久才回覆訊息。

3 在這本書裡，我經常會使用「搭上」（hooking up）這個說法，所以在此先澄清：我指的未必是「發生性關係」，而是泛指和「非正式交往」對象，規律發生的任何親密關係。但也可以想成「炮友」。

- 常常苦思該如何傳一封「沒什麼大不了」的訊息。
- 在社群媒體上「追蹤」喜歡的人或前任。
- 過程中發現了令你難過的內容。
- 被拒絕之後，就覺得自己配不上對方。

假如上述問題有任何一個答案是肯定的，就代表你像我一樣，曾被焦慮支配感情生活。換句話說，**如果你很常在感情中暈船。那麼你就是我在這本書裡所說的「尤妮思」**（Eunice，無意冒犯真的名叫尤妮思的人。選這個名字，只是因為在《足球尤物》〔*She's the Man*〕這部電影裡，尤妮思是個會偷看亞曼達．拜恩思〔Amanda Bynes〕睡覺的詭異女孩。）

尤妮思就是無法相信有人會喜歡她真正的模樣；相反的，尤妮思會覺得自己應該玩些手段、和朋友磋商計畫、過度解讀沒有意義的社群網站互動，才能稍微了解自己暗戀的對象可能在想些什麼。

對了，或許我也該提一下，尤妮思不一定要是異性戀女性。假如你是男同志，在閱讀時對尤妮思的困境感同身受，那也很棒！很高興能幫上你的忙！這在蕾絲邊、異性戀男性、雙性戀、泛性戀或是任何人身上也都適用。

然而，要注意的是，這本書最能反映的還是異性戀女性的經驗，因為：一、我是異性戀女性，覺得自己不太能代表其他族群的經驗。二、長久以來，異性戀女性特別容易被教導要為了討好男性而改變自己，我希望這本書能解除這樣偏差想法所帶來的焦慮感。

既然該解釋的都解釋了，就讓我們回到尤妮思吧。我想為世界上所有的尤妮思寫這本書，因為雖然已經有數以百萬計的書教女性如何「把對方追到手」，但幾乎沒有任何一本書教你如何**不要在現代愛情關係中貶低自己**。現代的女性會聽莉佐[4]的歌、穿著可愛的「#女性主義」上衣，為什麼在回覆暗戀對象打招呼的訊息時，卻還是得先詢問五個朋友和酒吧那友善的服務生？

4 編按：Lizzo，美國流行音樂女歌手，二〇二〇年獲葛萊美獎最佳流行歌手等三項大獎。以自信、「身體自愛」的態度廣受歡迎。

我不是心理醫生，但身為洗心革面的前尤妮思，並且整個職業生涯都在撰寫關於現代愛情、人際關係文章的作家，我可以告訴你，本書是尤妮思唯一的真正解藥。我是認真的。

下次如果有個男生讓你心跳加速、臉頰發熱、眼眶泛淚，試著告訴自己，「不怕已讀不回」。換句話說，坦誠相對吧。展現出真實的自己，想怎麼做，就怎麼做。

是的，這麼做才能提升你追到對方的機會——我們在第六章會更深入的討論。再說一次，這本書的重點不在於找到最好的追求方式，而是該如何好好照顧自己，就像療癒的喜馬拉雅鹽燈或護膚面膜一樣。

這本書能提升你的生命力量，幫助你不再痛苦擔心自己是否配不上某個人，你絕對配得上！假如對方喜歡你，那很好，恭喜他。若不喜歡，就當作自己逃過一劫吧。

《暈船診療室》的重點在於，將你從現代情感關係的壓力深淵中解放，所以請穿上你的派對服裝，因為我們準備要讓約會再次變得有趣啦！

第一章

數位約會常見的三大障礙

讓我先說清楚：這本書很樂觀、很正向、很快樂，是寫給那些真心希望排除關係中的焦慮和不快樂，好好享受生命的人。

我知道有些人認為目前的情感生活和整個約會生態，已經讓自己變成了尤妮思。你或許會覺得自己一開始就注定失敗。而某種程度上來說，你沒錯。

才不過幾十年前，女性還不需要擔心自己的交往對象是否仍在使用交友軟體，前任也沒有機會在任何時間傳來私訊，更不需要花任何心力思考，把牙刷留在對方家裡代表了什麼意思。

毫無疑問，交友軟體、社群網站、勾搭文化[1]，都使當今的約會交往變得更困難，而我會在這個章節裡慢慢解釋。

我也會說明你在「約會等式」中扮演的角色，因為說真的，是你自己決定要當尤妮思的。勾搭文化沒辦法逼你做任何事，交友軟體也是，社群網站當然更不可能；**是你讓它們煽動了自己的不安全感**，進而成為尤妮思。而在這本書的幫助下，你也將了解如何征服這些障礙。

讓我們來看看每個尤妮思在現代約會中會遇見的三個障礙，以及該如何改變自己面對它們的反應：

#障礙一：「現在已經沒有人想要穩定交往」

對於二十幾到三十出頭歲的女性來說，勾搭文化相當常見。二〇二〇年三月，英國的數據分析公司 YouGov 為本書做了一份調查，找來兩百五十四個單身女性樣本，顯示光是在去年一年中：

- 一八%受訪者處於關係模糊不清的地獄中，這個比例在十八到三十四歲的女性間更提升到二五%。
- 一七%的單身女性曾經接過騷擾電話，這個比例在十八到三十四歲的女

1 編按：Hookup culture，指在沒有建立感情基礎，或是雙方承諾的情況下，較隨意的約會及性關係。

性間更提升到一九%。

• 一七%女性曾經收過不請自來的露骨性愛簡訊或社群網站訊息，這個比例在十八到三十四歲的女性間更提升到一八%。

• 一六%的單身女性曾經收過問候訊息（例如「嗨」），而後卻再也沒有下文，這個比例在十八到三十四歲的女性間更提升到二五%。

• 一二%的單身女性曾經被無故晃點，這個比例在十八到三十四歲的女性間更提升到二二%。

• 一〇%的單身女性表示，曾經在對方表明不願意發展穩定關係後，依然與對方往來，這個比例在十八到三十四歲的女性間更提升到二三%。

• 一〇%的單身女性曾經相信自己正處於專一的穩定關係，但事實卻非如此，這個比例在十八到三十四歲的女性間更提升到一五%。

當我們對某人動心時，自然會希望關係能更進一步；然而，勾搭文化讓我們相信人們不再想要穩定的關係。這很違反直覺，令人困惑。

假如你不相信我的片面之詞，那麼聽聽社會學博士佳麗莎・維德（Lisa Wade）的說法吧。她是西方文理大學（Occidental College）的教授，著有《勾搭：校園中新的性文化》（*American Hookup: The New Culture of Sex on Campus*）。她在電話中說道：「現今的勾搭文化在傳達一種訊息：沒有人想要穩定關係。」

然而，二〇一九年三月的「美國單身者」網站調查卻發現，有六三％單身的千禧世代想要有一段「浪漫愛情」，而七〇％的Z世代則希望發展長久的關係。

為什麼我們會成為尤妮思？

其實不難看出，為什麼目前的交友風氣會使這麼多人往尤妮思之路邁進。當你對某人產生感情時，合理的下一步就是對他坦承這樣的情感；然而，現在的文化卻告訴我們，一旦告白了，對方絕對不會有相同的回應。

「勾搭文化傳達了一則訊息：想要穩定交往，反而會引起對方的反感。」維德博士告訴我：「因此，渴望擁有某人這件事會令人嫌惡，這對我們的自信心造成了不小的傷害。」

勾搭文化包含了輕佻的約炮訊息，和不明確的感情關係，一再巧妙的強調了「沒有人想穩定交往」這個概念。然而，一打開社群網站，碰！螢幕上卻立刻充斥了成百上千張快樂情侶的照片。接下來呢？我們就只能受傷的坐著，認為或許只是沒人想和我們交往而已。

從根本上來說，**會變成尤妮思其實只是自我保護失敗而已**。根據 YouGov 的調查，三九％的單身女性都將「害怕受傷害」的恐懼，列為在感情上造成焦慮的相關原因前三名。

我們害怕受到傷害，甚至帶來了生理上的焦慮感；而為了平息焦慮，我們會無所不用其極的保護自己不受到傷害。更悲慘的是，這世界又不斷說服我們相信，自己的愛得不到回報，注定要面對心碎。

暈船中的尤妮思	真實的你
「唉，現在沒有人想要穩定交往，我會單身到死。」	「事實上，大部分的人都想要穩定交往。我只需要找到適合的人。」

別再讓自己變成尤妮思

就像天主教高中的性教育課本所寫：「世上沒有『心』的保險套。」課本裡說的是守貞，但我要借用來說明不太一樣的重點，請將它的意思想成：我們不太可能阻止心碎發生。無論你是否認同，心碎就是人生的一部分。

說到底，在勾搭文化中，我們**為了預防心碎所採取的行動，有哪一項真的有效**？我們一樣會受傷不是嗎？傻傻的花上好幾個星期、幾個月、甚至幾年的時間，過度分析對方的所言所行，難道真的勝過冒著被拒絕的風險，立刻說出當下的感受嗎？

我們有兩種受傷的可能：一、什麼也不說，默默痛苦的看著一切自然的消退。或是，二、說出自己的感受，在對方坦承沒有感覺後覺得難過。

我們會欺騙自己選項一才是保護內心唯一的方法，但實際上，選項一保護的只有我們的自尊心。無論如何，我們的內心都會受傷。唯一不同的是，我們認為的「保護措施」，實際上卻會在無法避免的心碎中，再添上許多悔恨。

你不說，他真的不會懂

「我的交往對象一直不太願意坦白告訴我，他在這段關係中想要什麼。我們以前就認識，後來又透過網路重新連上線。」凱倫（Karen）二十四歲，來自波士頓，透過私訊告訴我：「我們約了一次會，過程很順利，於是又約了第二次，就這麼下去了。一開始，他不太會說自己的事情，但談到過往的感情時，他說不久前才和交往超過一年的女友分手。我馬上就知道，他還不想要談認真的感情，於是我也反覆告訴他和自己：『我也不想認真。』

「最終，我接受了這一點，但還是喜歡他的陪伴，想繼續和他在一起。後來我們一起慶祝情人節，這讓我以為他不只是玩玩而已，於是想當然的，我開始投入更深的感情。」

投入更多感情之後，凱倫說她覺得壓力很大，因為她覺得對方好像沒有要進一步發展的意思。她陷入了一八％女性都經歷過的「關係地獄」。

維持這種尷尬的狀態一段時間後，凱倫的壓力已累積到無法承受：「假如不把感覺告訴他，我不知道該怎麼繼續相處下去。」她說：「最後，我說了，而他決定分手。」但這不是故事的結局！身為典型的二十一世紀前任，對方在一個星期後懇求凱倫復合。他們又短暫的一起了，但最終還是沒有結果。

凱倫的故事包含了**所有暈船狀態的元素：受困的感覺、虛假的希望、壓力、拒絕，還有那無法避免的後悔。**

凱倫解釋道：「我們在一起時，因為喜歡他的陪伴，我一直努力隱藏自己的感覺，順著他的意思發展。」如今再回顧這段經驗，她充滿感恩，認為這教導她：不要為了配合對方而改變自己的

暈船中的尤妮思	真實的你
難過，大聲播放山姆・史密斯（Sam Smith）的歌，因為和喜歡的對象沒有發展而哭泣 「不知道假如我把自己的感覺說出來，會發生什麼事？會這樣是因為我什麼都沒說，還是因為對方從來都不喜歡我？我想我永遠沒機會知道。」	*難過，大聲播放山姆・史密斯的歌，因為坦承了自己的感受，對方卻不這麼覺得而哭泣* 「真的很糟，我很難過。但至少該說的我都說了。對方知道我心理的想法，只是感覺和我不同而已。我不需要猜測。」

感覺，即便嘗試了，也永遠無法換來她渴望的「真實、誠懇的關係」。

我的朋友妮納（Nina）二十六歲，住在科羅拉多州波德市。她和一位在相處時讓她壓力很大的男生交往了，因為她打從心底認為「這次會不一樣」。

她傳訊息告訴我：「正式交往之前，我和男友曖昧了很長一段時間；後來我真心喜歡上他，卻因此覺得很焦慮……。我的意思是，在他身邊我會裝得很酷，從不給他壓力（表面上啦），但只要他不在身邊，我就會感到緊張焦慮；我會告訴自己他沒那麼喜歡我，這段感情不會如我所願。我不會說自己那時候故意在玩手段，但我確實假裝自己毫不在乎。」

雖然外表裝得冷靜，妮納卻記得自己狀況最糟時，會「陷入全面恐慌，因為各種理由在半夜為了對方而哭泣」。她說這些理由包羅萬象，可能是他沒打電話，或是他們在派對後沒有一起回家。**她不確定怎麼定義他們的關係，因此焦慮的尋找任何對方不喜歡她的跡象**（妮納不是心理受到這類影響的特例，在第五章我們會有更多的討論）。

回顧過往，妮納希望**自己早一點和對方坦白，就不需要痛苦這麼久了**。

「我百分之一千希望自己早一點告訴他，我想要更進一步的關係。這可以幫我省去好幾個月毫無意義的眼淚。我後來發現，是因為自己表現得太冷靜，什麼都不說，所以他完全不知道我想要什麼。」她說：「其實，我所做的一切都只帶來反效果。」

我的朋友愛莉克思（Alex）住在紐約，二十五歲。在剛開始寫這本書時，她到我家過夜，她告訴我幾個月前在交友網站 Hinge 上認識了一個男生。顯然，他們的初次約會美好得不可思議。「六年前和男朋友分手後，第一次遇到一個我真心喜歡的人。」她一邊喝著紅酒，一邊和我分享。

那個男生甚至做出許多「暗示」，讓愛莉克思相信對方也喜歡她，於是稍微放下心防。他邀請愛莉克思和許多他的朋友一起去聽演唱會、和他的好朋友來場四人約會，甚至開玩笑的提議兩人私奔（我知道，我也討厭這傢伙）。

「我真的很喜歡他，但四到五個星期後，我卻開始覺得情況有些變化。」愛莉克思告訴我，從懷疑對方是否還喜歡她的那一瞬間開始，自己就漸漸變成了尤妮思。

「如果他表現得很奇怪，我就會跟著變奇怪，因為我能清楚意識到他的不同。最後幾次約會時，我的感覺糟透了，我一直感受到他散發出的負能量。以前，我傳訊息給他完全不需要思考，一切自然而然。但是當他的行為變化後，我可能得想超過十分鐘、精密規畫後才把訊息送出，而訊息的內容通常都有點奇怪，甚至刻意。」

氣氛變得尷尬後，兩人之間的關係也隨之告終。「老實說，我一直到今天都還很後悔。我應該直接問對方想要什麼？即使答案不如我意，例如他想和別的女生在一起，或是根本不喜歡我都沒關係。**至少我不會再執著**，可以好好放下。也可能他會說，是我奇怪的表現影響到他。我真的不知道。」

「總之這很糟，」她總結道：「但假如類似的狀況再發生，我會說點什麼，放手一搏，就算這會暴露自己脆弱

暈船中的尤妮思	真實的你
「我死都不要告訴對方我的感受。」	「我知道我喜歡對方。我明天就會和他告白，看看對方的想法。」

的一面也沒關係。」

簡單來說，勾搭文化灌輸給我、凱倫、妮納、愛莉克思和其他無數人這樣的想法：「假如喜歡一個人，就要竭盡全力讓對方覺得你並不在意他。」但事實上不應該如此！這就是本書想告訴你的。

從此，你不需要再對於自己「應該」做什麼鑽牛角尖。你想要穩定的關係？很好，告訴對方吧。假如對方有相同的想法，太好了！若沒有，你也省去了好幾個月毫無意義的壓力和焦慮，不需要在無法讓你快樂的人身上執迷不悟。

先搭上再交往，其實更不容易暈船

若要改變我們對勾搭文化的反應，就得改變我們對它的看法。的確，前面提到的缺點都是真的，但勾搭文化也不全然是壞事。

二〇一八年五月，刊登在《柯夢波丹》（*Cosmopolitan*）的文章〈約會＋社群網站：新的規則〉（*Dating + Social Media: The New Rules*）[2]中，我訪問了維

德博士，她稱讚勾搭文化很「創新」。為什麼？「當今的年輕人會因為遲遲不願承認彼此的情感，或是投入關係，而受到批評。某種程度來說，我覺得這說法是不對的。他們害怕承認自己想要承諾，但**為了控制自己的焦慮，他們會創造出許多小步驟，讓自己可以慢慢向承諾靠近**。原因是，小步小步來沒有大步邁進那麼可怕。」維德解釋：「因此，他們會先選擇以『搭上』的模式相處，接著是一對一的關係，但還不到穩定交往。」

是的，這些小步驟給了我們想要的緩衝，讓人們不用太快面對可怕的「我們之間是什麼關係？」的討論。但我認為最重要的是，這讓我們有機會真正認識對方。

想像一下最完美的第一次約會：你們在餐廳裡聊了好幾個小時，直到經理在打烊前把你們踢出去。接著，你們漫無目的的散步聊天了兩個小時，卻覺得像是只過了五分鐘，因為一切都是那麼自然而流暢。

你無法相信你們之間有這麼多共通點。你不只深深被他所吸引，更覺得對方能完全理解你那奇特的幽默感，甚至跟你一樣享受連朋友都不願意陪你看的奇怪 YouTube 影片。約會過後，你回到家，告訴室友你遇到了白馬王子。在那一瞬間，那個人在你的眼中毫無缺點，近乎完美。

多虧了勾搭文化，你有時間把這個人從第一次約會後的神壇請下，用相對風險比較小的方式認識對方。或許在交往幾個星期後，你終於到他家，卻看見他在床上掛了「男生專屬的星期六」[3]的旗子；或許你們決定一起上「靈魂飛輪」[4]的課，然後發現對方是那種即使教練沒有要求，也會主動開心擊掌的人；或許某個晚上，你提議一

2 聽著，我知道引用自己的作品令人反感，但在這本書裡，我希望能和你們分享任何我認為有用的資訊。

3 譯按：印有「Saturdays Are for the Boys」字樣的旗子，通常指男性週末不願陪伴家人，寧願與朋友玩樂度過。

4 譯按：SoulCycle 是美國連鎖健身品牌，以飛輪課程為核心。

真實的你
「第一次約會很棒，但得再相處一陣子，我才能釐清自己的感受。」

暈船中的尤妮思
「老天，這真的是最棒的約會。我們必須立刻交往。」

起看《西雅圖夜未眠》（*Sleepless in Seattle*），對方卻因為「討厭男主角湯姆·漢克斯」（Tom Hanks）所以拒絕……或許這些事你都沒那麼介意！重點是，**勾搭文化給了我們足夠的機會，能在十足肯定後才進入關係**。

下次，當你對某人產生感情時，不妨好好利用勾搭文化，先花些時間好好了解對方吧。接著，假如你決定要更進一步認真交往，請用本書中的法則，真實表達自己的感受和想法。叮咚叮咚，就這麼簡單！

#障礙二：「交友軟體讓我不知道問題出在哪」

現代人有太多的選項和機會，我們只需要十秒下載一個應用程式，就可以把手機變成充滿無限愛情機會的浪漫樂園。但，這不是最可怕的地方。真正的可怕之處是，我們的約會對象也擁有同樣的機會。

「我認為線上約會（online dating）能為現代的人際交往帶來很多幫助，但在某方面也會帶來許多傷害，影響人與人的相識。」紐約的兩性專家奈羅·達達希提（Niloo Dardashti）這麼說過。

二〇一八年，我在撰寫〈受到干擾的交往〉（*DUI: Dating Under the Influence*）一文時曾訪問過達達希提：「諷刺的是，我認為**網路約會實際上會讓人們更難以建立連結**。當你打開交友軟體，就好像在逛超級市場：上百張照片就這麼滑過去，裡面的人都不像有血有肉的個體。因此，我們或許都經歷許多次的不讀不回，由於**不知道自己哪裡做錯了，而加深了我們的焦慮感**。」

換句話說，若你經歷了完美的第一次約會，對方卻再也沒有和你聯絡——這可能和你一點關係都沒有！你或許每件事都做對了，卻還是沒有結果，只因為**對方還在嘗試交友軟體裡的其他上千個選擇**；他們並不是針對你，但我知道這絲毫無法減輕你內心所感受到的傷害。

我的好友愛莉克思有個同事，據她形容是「世界上最好的男生」。愛莉克思和那位好男孩都二十多歲、單身，且經常使用交友軟體，但他們的「使用方式」卻有著天壤之別。

「我個人認為，我們得自私一點，多為自己想一點，在還沒確定真感情之前，對其他選項都應該保持開放的心態。」愛莉克思告訴我：「如果只約過幾次會，你不算真的認識某個人。我也不想這麼早就死會。」愛莉克斯說，除非約會超過十五次，否則她不會和交友軟體上認識的人一對一定下來。

根據達達希提的結論，「好男孩」是很容易在交友軟體上受傷的類型。而那位好男孩的想法，和愛莉克思及許多交友軟體的使用者（特別是紐約或舊金山等大都市的居民）都不同。

「他那時還在另一個交友軟體上認識別的女生，因此覺得很愧疚，雖然他們連交往都算不上。他只和那兩個女生各約會過兩、三次，最後卻對我說：『愛莉克思，我做不到。』我告訴他沒關係，因為他甚至還沒確定自己是否喜歡這兩個女孩！我說：『繼續下去，假如你有一瞬間覺得不喜歡其中一個，就可以馬上停手，而且至少這時候你身邊還有另一個。』」

「於是他不再和其中一個女生見面，專心和剩下的女生約會。他們度過了四、五次快樂的約會，並且在這一個月聊了很多。接著，第五次約會時，他問了對方是否還有和其他人出去？而她說是。好男孩崩潰了，這是兩個星期前的事，所以他現在應該還是非常難過。」

好男孩的故事對他本人來說或許很難過，但對那個必須向他坦承自己有和其他人出去的女生來說，應該也同樣壓力沉重。

我大學時的好友諾拉（Nora），光是想到必須拒絕在交友軟體上認識的人，就會備感壓力。她曾和我說過：「和交友軟體認識的人聊天後最大的壓力，通常來自我沒有那麼喜歡對方，而必須在約會後拒絕或不讀不回。」

無論你是拒絕或被拒絕的一方，交友軟體無疑都會造成壓力，YouGov的調查中有二七%的年輕女性都表示，在和「網友」第一次約會前會感到焦慮。

交友軟體找真愛？六六%的人都這麼想！

上面所提到的一切都會帶來壓力，但這為什麼會使我們成為尤妮思呢？是的，對於我和其他許多的尤妮思來說，交友軟體可以成為某種ＯＫ繃。

我們的**許多不安全感都源自於交友軟體，但交友軟體卻同時能夠撫平、減**

輕拒絕所帶來的刺痛。當我們如同強迫症般的滑著交友軟體，其實也保護了我們，不必感受到那位好男孩所承受的痛。

我的意思是，當我們有太多選擇要篩選時，又怎麼會有時間受傷呢？這會使我們變得麻木，用大量的選項淹沒自己，讓自己不受到內心感覺的控制。

當我喜歡傑克時，交友軟體還不存在。當我因為他沒有回訊息而不安，或是看見他和其他女生調情而難過時，我別無選擇，只能獨自承受這些感受——交友軟體或許能給我一條脫離痛苦的出路。

升大四前的暑假，我在紐約的《柯夢波丹》實習時喜歡上了連恩（Liam）。雖然和喜歡傑克那時相比，我年長了兩歲，但尤妮思的感受還是陰魂不散。

每當連恩被標記在其他女生的照片裡，或是比較久才回訊息，我都會感受到自己的大腦開始失控。然而，為了不讓自己再度墜入深淵，我選擇打開各種交友軟體，用天涯各處的芳草來轉移注意力。

交友軟體讓我覺得自己彷彿在這個完全失控的情境中，還擁有絲毫的掌控權。但這種控制其實非常膚淺。假如更深入一點，就會發現我還是完全受到恐懼的擺布，深怕會被拒絕或傷害。

我瘋狂的滑著交友軟體，目的是要創造出無限的緩衝空間，以確保和連恩分手時，我能夠好好的。再次的，我使自己注定面對失望，只是過程和以前稍有不同而已。

聽著，我很贊成你用交友軟體認識很多人、輕鬆的同時和一些人約會，但前提是，這必須是你真心想要的；而當時我並不想要這樣，我想要的是一段穩定交往的關係。我希望的不是隨便和軟體中看上眼的人交往，我想要的是連恩。

然而，承認自己的想法令我感到焦慮恐慌，與其面對不確定性，我選擇了交友網站提供的眾多選擇作為某種OK繃。交友軟體讓我安全的把一腳留在門外，不會因為將感情全部投入而受到傷害。

然而，**把一腳留在門外也讓我自己斷了情路**。我的計畫生效，連恩不會傷到我；但為了避免痛苦，我最終迷失了自我，也沒有得到自己真正想要的。

回顧那段時間的行為，我清楚了解到，我之所以不斷滑交友軟體，和軟體本身的影響其實沒什麼關係，主要的問題還是出在我身上。因為過去的經驗，我認定不可能有人會有興趣與我認真交往，特別是在選擇琳瑯滿目的交友軟體上。但我錯得太離譜了。

根據二〇一九年三月的「美國單身者」調查，**六六％使用交友軟體的單身者都願意接受新的穩定關係**。相較之下，僅有九％的人宣稱在軟體上只想玩玩而已。有很多人追尋的目標和我一樣，但我太固執，不願意相信。

就算現在交友軟體的生態是如此，它也沒辦法逼你做任何事，或是改變行事風格，只是提供你新的方式而已。假如你覺得使用的壓力慢慢讓你難以承受，你大可以刪掉就好。而假如你注意到自己會利用交友軟體逃避可能受傷的感情，那麼我也建議你先暫時卸載。

唯有當你感到很自在時，才應該使用交友軟體。一旦你察覺交友軟體在改變自己原本的樣子，或是造成不必要的壓力，就該立刻停下！

真實的你	暈船中的尤妮思
＊利用交友軟體找到自己真正喜歡的人＊	＊利用交友軟體分散自己的注意力，不要一直想著真正喜歡的人＊

該暫停交友軟體的跡象

- 你的使用目的是不想把雞蛋放在同一個籃子裡。即便你目前已經對某人有興趣，而且並不想找其他人。
- 和配對到的陌生人聊天，對你來說是件苦差事。
- 你時常和別人約好，卻在最後一分鐘因為太緊張而臨陣脫逃。
- 和很多人見了面卻都沒有後續，這讓你感到精疲力竭。
- 光是在手機上看到交友軟體就讓你感到有壓力。
- 你試著約會了好幾次都沒有成功，覺得很挫敗。
- 你只是用交友軟體讓自己分心，努力避免心碎。
- 你只是想透過配對來取得「關注」而已。

當然，對尤妮思們來說，要把交友軟體刪掉可沒那麼簡單。首先是「錯失恐懼症」[5]的問題。假如我們當下沒有交往的對象，刪掉交友軟體感覺就像是在情場上自殺——這就是最終極的錯失恐懼症！這會讓你時刻懷疑，如果現在不快點滑交友軟體，是否就會剛好錯過那個「對的人」？

尤妮思刪除交友軟體會遇到的第二個大型障礙，是因為在現代交往中，刪除交友軟體已經成了某種關係發展的「里程碑」。我們通常會在開始認真交往時，才刪掉交友軟體。而這麼做卻讓我們忘了，**刪除交友軟體其實可以是為了自己**。

即便我們像之前提到的好男孩那樣，是單一配偶制的擁護者，不希望一邊與某人慢慢來往的同時，還一邊上交友軟體，但我們在「關鍵的時間點」之前，都還是會留著它，只因為我們不希望太快梭哈，以至於受到傷害。

無論你當下是否有對象，暫時離開交友軟體都是一種自我保護的方法。這和有沒有約會對象無關，是為了你自己而做的。假如你發現上述的任何跡象，就該幫自己一把，稍微休息一下吧。

暈船中的尤妮思	真實的你
「我得繼續滑交友軟體，雖然我好焦慮又想吐。」	「交友軟體讓我有點焦慮，或許在準備好之前，我可以先刪掉。」

刪除所有交友軟體，專注在自己身上，等自己準備好、躍躍欲試後再重新登入。或許是明天！或許永遠不會有那麼一天。這都取決於你。

如果你時常擔心對方會因為手機上有太多選擇而不認真對待你，甚至會拒絕你，那麼我的建議是：只要是對的人，你就會比交友軟體上的任何人、甚至全世界的人，都還要好一千萬倍。與其跟不這麼覺得的人在一起，保持單身或許還更好。這本書的每個章節，都會引導你更深刻的相信這一點。

然而，許多人都低估了交友軟體的好處，我之前有提到過，目前最多夫妻相識的地方就是交友網站嗎？真正的夫妻喔！一份史丹佛大學二〇一九年的研究發現，交友軟

5 FOMO（Fear of missing out），是一種因為患得患失所產生的持續性焦慮，會讓人不斷擔心是否錯過某些有意義的重大事物。

暈船中的尤妮思	真實的你
「唉，應該不會有人看了網路上這麼多女生後，還選擇我吧？」	「對的人會在茫茫人海之中找到我。」

體已經正式超越朋友介紹，成為美國異性戀夫妻最常見的認識管道。這份研究也指出，二〇一七年有將近四〇％的夫妻透過交友軟體認識，而這個比例很可能會持續上升。

想像一下吧，一直到不久之前，你都還必須坐著枯等待，希望或許有人能幫你介紹對象，並且順利發展下去。如今，你隨時都可以拿起手機，認識一生的摯愛。而假如你只想找個一起看電影過夜的對象，也就更容易了。

#障礙三：「社群網站就是免費的徵信社」

如果你想要找個讓自己抓狂的理由，社群網站會是個好選擇。社群網站的出現讓我們能夠以前所未見的方式，與其他人產生連結。每一秒，社群網站都能把我們喜歡的人送到眼前，就像潘朵拉的盒子那樣，讓我們猜測他們真

暈船中的尤妮思	真實的你
「我永遠不會在交友軟體上遇到想認真的人。」	「交友軟體簡直是找到交往對象的理想管道。」

正的想法。而很多人也都為此苦惱。

本書中，幾乎每個受訪者都認為社群網站是喜歡一個人時，最大的壓力來源。或許是前任看了我們的限時動態；或是猜測喜歡的人是否看了為他們而寫的貼文。社群網站為我們帶來幾十年前的人們不需要面對的許多問題。

社群網站在許多方面都可能使我們成為尤妮思。在這裡，我先不給出概略的答案，而是列出社群網站可能養出的尤妮思類型。

偵探型尤妮思：過度檢視對方的個人頁面

- 看遍了對方前任們的社群網站。
- 常透過 Snap 地圖（Snap Maps）來確認對方目前在哪裡。
- 利用對方的新追蹤或被標記的照片，密切觀察他們可能喜歡的人。

YouGov 調查中，**有三〇%的女性會利用社群網站，來調查自己喜歡的人是**

否說謊或有所隱瞞。舉例來說，十九歲的海莉（Haley）認為社群網站加深了她對偷吃男友既有的焦慮（順道一提，調查中一三%的女性表示過去五年間，曾經和偷吃的人交往過，但這離題了，回到海莉身上）。

海莉解釋，在交往時她就知道對方偷吃，但由於對方是她的初戀，她沒辦法就這麼放手。相反的，她試著用社群網站掌握對方的動向。「我們是遠距離，這不容易，因為我在紐澤西，他住在麻州。而有時候我會不確定他在哪裡，或正在做什麼。」

因此，她決定用 Snap 地圖追蹤對方。「我對他常去的地方越來越熟悉，因為我總會詢問他人在哪裡。因此，我可以認出地圖上的建築物，例如它們的外觀，以及他是否真的在那。」她回憶道：「大多數時候他會在冰球場，但有時候是在某個女生家。」

Snap 地圖不是她用來追蹤男友的唯一工具。「在 I G 上，我會查看所有他追蹤的人，並點進女生的頁面；假如是公開的，我會看過所有照片，看看他是否按了愛心或留言，接著再質問他。」她說：「假如他有留下任何留言，我都會很火大；假如他按愛心，我會質問他對方的身分之類的；而如果那個女生的頁面是非公開的，我就會找看看其他的社群網站。」

海莉的前任對於偷吃的指控否認到底，但她最後還是驗證了自己的直覺。她告訴我：「我不斷從其他人那得到證據。我早就應該看出他對其他女生的留言已經超過界線了，不可能只是朋友而已。」

雖然在社群網站上的調查最終讓她接受了男友出軌的事實，海莉卻很後悔自己浪費了這麼多時間和精神。她說：「雖然這讓我接受了他劈腿的事實，但我非常後悔自己幾乎到了執迷不悟的地步，對於早就已經知道的事，還浪費了這麼多時間。」

即便你無意尋找對方不忠的跡象，但過度檢視對方的個人頁面還是可能誤導你妄下結論。

舉例來說，有次妮納正在隨意翻看當時炮友（現在是男朋友了）的臉書，發現了一張與其他女生的合照。她回憶道：「我會看他的臉書。記得有一次某人上傳了一張他和一個穿著性感女孩的照片，而拍攝那天的前幾個小時我還和他在一起。我因此大哭一場。」

我幾乎和每個喜歡的男生都有類似的經驗，直到我改變了社群網站的使用策略（後面會再提到）。以前只要看到他們和其他女生被標記在同一張相片裡，我的心情就會墜入谷底。

曲球型尤妮思：在意對方的任何網路回應

- 對方突然在ＩＧ上提出追蹤要求讓你很在意。
- 對方一留言或是按讚，你就會很在意。
- 對方一回應，或甚至只是瀏覽你的限時動態，你就會很在意。

即便你覺得自己已經放下了，社群網站還是有辦法使你舊情復燃。愛莉克思和私奔男的關係結束了不久後，他又用社群網站潛入她的生活。「我們在ＩＧ上還是互相追蹤，而我之所以沒有取消追蹤，是因為就算現在的狀態很糟，但內心深處，我還是覺得……我們或許還有機會。」她承認道。

「這兩個月來我覺得糟透了，雖然我們才交往不到六個星期，但結束之後我卻一直在想：『他會不會再和我聯絡？』所以我繼續在社群網站上追蹤他，然後發現他都沒有幫我的照片按讚，也沒有看我的限時動態。我就覺得，他這樣一定是故意的！」

所以，這個男生有三個月的時間沒有看愛莉克思的限時動態；接著，在她終於準備好重新出發時，他卻又陰魂不散。首先，他在愛莉克思的一張ＩＧ照片上按了愛心。「但我其實沒有多想什麼。」愛莉克思補充道：「那時候，我覺得自己終於放下這段感情了。」

很明顯私奔男沒打算這麼輕易放過她。幾天之後，她發了室友跳舞的限時動態，而他私訊問她在哪裡、在做什麼？她立刻把訊息給最好的朋友看。「很顯然的，我需要請求夏洛特（Charlotte）的幫忙，」她回憶道：「夏洛特告訴我：『去他的，別回應他。』」

但愛莉克思還是忍不住回傳了訊息（別批評她，我們每個人都有過這種經驗）。她告訴我：「我一定要回覆，因為過去四個月，我都在想他會不會傳訊息給我！」愛莉克思回覆了之後……什麼也沒發生，除了私奔男「如願」回到她的心中。愛莉克思本想努力擺脫他，但社群網站又讓他重新回到她的手機和腦袋裡。

無法了斷型尤妮思：分手了還是繼續追蹤

- 分手後還會固定追蹤對方的動向。
- 發限時動態，希望對方或許能回應，讓你們可以再次對話。
- 好奇對方為何會看你的動態……或是為何不看。

如果我們想要和某人在現實生活中完全了斷，那麼社群網站就是個非常危險的地方。我的朋友潘妮洛普（Penelope），住在紐約市，剛開始寫這本書時，她和一個很喜歡的男生分手了；他離開得很突然，也沒有把話說清楚，讓她對整個情況感到極度焦慮。由於潘妮洛普知道不可能直接問他到底出了什麼問題，所以她認為唯一能稍微減輕焦慮的辦法，就是從對方的社群網站找答案。至於是哪個軟體呢？Venmo[6]。

「有一次我曾轉帳給他的一個女生朋友，所以我在軟體上將時間回溯到三個月前，點了她的名字，然後又看了她的其他朋友。」潘妮洛普告訴我：「我點了其中一個前男友的共同朋友，看看他曾經匯錢給誰，又收過誰的錢。我覺得像這樣的功課，就像是我必須進行的任務。我認為自己在其他所有方面都是個正常人，但這行為讓我像個瘋子。我沒有加他的臉書或 Snapchat，他又很少用ＩＧ，所以這似乎是我唯一可以**猜測他腦袋裡在想什麼的管道**。」潘妮洛普無法直接從對方得到答案，只好轉向社群網站尋找解答，想知道問題出在哪裡。不幸的是，她並沒有得到她想要的（等等會再討論）。

6 Venmo 是 PayPal 旗下的一個行動支付服務，讓用戶可以使用手機或電腦轉帳給他人。

追蹤型尤妮思：隨時掌握對方行蹤

- 會定期檢查對方上次上線的時間。
- 透過 Snap Maps 完全掌握對方當下的行蹤。
- 查看對方每則限時動態，假如對方在回訊息之前發文，就會很生氣。

心儀的對象還沒有回訊息，你會上ＩＧ檢查他上次上線的時間嗎？如果會，那麼你就知道追蹤型尤妮思是什麼樣子了。

我的朋友兼前同事愛莉希亞（Alexia），二十五歲，住在紐約，有正在交往的對象，但還是會用社群網站追蹤以前的約會對象。「我以前有個對象特別喜歡 Worldstar 這個帳號發的迷因影片。」愛莉希亞告訴我。

「我沒有追蹤 Worldstar，但會看到『〔他的用戶名稱〕對這個影片按讚』出現在我的動態上。假如發現他替某個影片按讚，卻沒有回覆我的訊息，我就會很焦慮。我一度覺得自己也應該追蹤那些帳號，但我對它們的內容絲毫不感興趣，只是為了知道他什麼時候用了手機，卻沒有回覆我。妳可以想像這對我帶來了多大的焦慮感……。」

大多數時候，**讓我們變成尤妮思的都不是社群網站本身，而是我們的使用方式**。或許你覺得自己是世界上最冷靜的人，但是只要花上一個小時在網路跟蹤你的意中人，就足以讓你變成百分之一千的尤妮思。

即便無意尋找對方的小辮子，你也一定會發現一些能把你逼瘋的東西。或許是對方告訴你會在郊區父母的家裡待一整天，但 Snap Maps 卻清楚顯示他留在市區的公寓裡；或許對方替某個帳號（例如@比基尼美臀女孩）的每一張照片都按讚；或許你發現對方是個怪人，會在公開的迷因帳號下方留言「哈哈」，而且沒標記任何朋友；或許他們會在前任的訂婚動態留下「恭喜」，而且被按了愛心……。

體會到這有多麼失控了嗎？如果看了太多社群網站，大概連目光如炬的年輕蜜雪兒（Michelle Obama），都有可能會誤以為歐巴馬（Barack Obama）其實沒那麼愛她。

萬幸的是，沒有人會拿槍抵著我們的頭，逼我們時刻追蹤喜歡的人。社群網站上的互動方式掌控在自己手中，我們只要發揮自制力就好了。至於自制力如何運用，那就端看你的個性。假如你意志堅強，大概只要告訴自己「夠了」就好。但很可能你沒那麼厲害。

假如你知道自己一在社群網站追蹤了「輕鬆交往的對象」，就一定會徹底翻看對方的頁面，直到陷入恐慌，那麼你只要……不加對方好友、不追蹤對方就好。至少對我來說，這個做法很管用。

大學畢業以後，我決定如果沒有要認真交往，就不會在任何社群網站上加對方好友。在認識現在的男友之前，我一直遵循這個法則。

我從未受到好奇心誘惑，不會在網路上搜查任何一個差一點成為男友的對象，而在分開之後，他們就這麼消失無蹤，可以說是簡單愉快。即使是現任男友，在一對一穩定交往之前，我們也沒有互相追蹤或加好友。時機成熟以後，我覺得自己已經夠了解他，也不需要做任何詳細調查了。

但是，假如已經互相追蹤了，該怎麼辦？假如你們已經互相追蹤，或是出於某些理由，對方和你在社群網站有所連結，那麼我的真心建議：封鎖對方，或至少隱藏對方的發文和限時動態。

該在社群網站隱藏對方的跡象：

- 前任一直企圖想透過社群網站重新滲透你的生活。
- 你不斷試著追蹤前任的動態，想要「了斷」。
- 你無法克制自己追蹤、搜尋目前的交往對象。
- 若對方沒有看你的限時動態，就會使你心情低落。
- 你唯一發限時動態的理由，就是希望對方會看到。

這就是潘妮洛普為什麼能夠放下那個突然和她分手的男生。維持在網路上跟蹤別人的習慣一年後，潘妮洛普的狀況好多了。她封鎖了對方，不再查看對方的 Venmo，也找到

暈船中的尤妮思	真實的你
「我得多看看對方的社群網站，才能確保他沒有在隱瞞什麼。」	「對的人不會有所隱瞞。」

了穩定交往的新對象——我個人覺得，新對象要適合多了。

她坦承：「每個人都叫我封鎖他。這樣的建議我也給過許多朋友，所以我知道這是我該做的。」但最終，將她逼到極限而驅逐他的，是自己的焦慮。「每次他看了我的限時動態，或是沒有看，或是又在某個女生的貼文下留言，我都會非常焦慮。這種感覺令我挫折，任何風吹草動都會牽動我的情緒。」她如此向我解釋封鎖他的決定。

「他的每條訊息我都讀了一百萬次，所以我得在社群網站的其他地方尋找他不喜歡我的理由。」但她什麼也沒找到。「社群媒體不會給你任何答案。」潘妮洛普冷靜的告訴我，又補充說任何她認為**自己找到的「答案」都只是源自內心焦慮感的「錯覺」而已**。

封鎖他並沒有讓潘妮洛普的感受奇蹟似的消失，但在一定程度上減緩了她的焦慮感。「我仍然不算完全『痊癒』，」她承認：「我的確很開心我們分開了，不過還是覺得有點生氣和困惑，有時候甚至焦慮，自從他提分手後就這樣。但是不再會有社群網站持續提醒我他的存在，我也沒辦法再看到和他有關的東西，這都讓負面感受的頻率降低了。」如今，潘妮洛普說就算偶爾想起前任，她也只是覺得遺憾，而「不會有社群媒體帶來的額外壓力」。

我知道有些人會覺得封鎖對方太戲劇化、太幼稚，但我們的重點就在以自己為優先。你的行動應該要出於自己的感受，而不是對方可能的反應。因此，假如追蹤對方會讓你覺得很糟，而封鎖（或單純取消追蹤）可以讓你好過一點，那麼這比什麼都還重要！

社群網站能提供「傳訊息」的無限機會

我得實話實說，社群網站在感情交往上，幾乎沒有什麼好處。坦白說，我相信沒有社群網站的話，所有人的感情交往都會順利許多。

暈船中的尤妮思	真實的你
「我可以在社群網站上做個了斷。」	「社群網站只會把我們拉回漩渦中。」

然而，無論喜歡與否，社群網站都存在。這麼說吧，社群網站給了我們發展浪漫連結的另一種方式。

舉例來說，美國歌手喬・強納斯（Joe Jonas）在認識演員蘇菲・特納（Sophie Turner）之前，就先私訊她，而他們現在結婚了；《鑽石求千金》[7]的威爾思・亞當斯（Wells Adams）私訊給《摩登家庭》[8]的莎拉・海蘭德（Sarah Hyland），而他們現在已經訂婚；Quavo[9]傳訊息給Saweetie[10]，兩人現在也甜蜜同居。名人的例子可以說是族繁不及備載。

基本上每個人都有機會和現實生活中遇過的任何人交往，即便是我們認為完全不可能出現交集的對象，也因為社群網站而有了機會。你現在就可以把書放下，拿起手機，登入ＩＧ，傳一則訊息給小時候沒有勇氣搭話的暗戀

暈船中的尤妮思	真實的你
「我沒辦法封鎖他！假如他發現，然後生氣了，我該怎麼辦？」	「假如看到他讓我很難受，那麼就封鎖吧。」

對象。

同樣的，你也可以私訊喜歡的名人。或許還可以找到某天晚餐時的可愛服務生！雖然很可能不會有回應，但或許有點機會。只要一則訊息，就可以從充滿不確定的「假如」，蛻變成「好吧，至少我嘗試過了」。

社群網站給了我們嘗試的機會，在這點上我們應該心存感激。

當今的約會交往一點也不容易。前面提到的一切都讓我們很難保持從容、相信自己的直覺。然而，說到底，在交往中唯一能做主的人也只有我們自己。我們可以選擇相信交往很困難艱辛、令人一籌莫展，但是也可以負起責任，領悟到自己有能力做出改變。

我們雖然無法減少交友軟體的普及度，或是改變勾搭文化；無法阻止別人

---

7 譯按：*The Bachelor*，美國電視真人秀約會遊戲節目。

8 譯按：*Modern Family*，美國電視影集。

9 譯按：*Quavious Keyate Marshall*，美國的饒舌歌手、作曲家和唱片製作人。

10 譯按：*Diamonté Quiava Valentin Harper*，美國的饒舌歌手和作曲家。

使用IG，也無法改變各種光怪陸離的新趨勢；但是我們能夠改變自己，我們可以改變反應方式，讓自己只接受其中正向的部分。

暈船中的尤妮思	真實的你
「社群網站糟透了，毀了我的人生。我很不好，不由自主的追蹤暗戀對象和前任，而且深信自己永遠不會找到愛情。」	「社群網站並不會影響我的感情生活，而且其實在技術上來說，它能讓我有機會追到好萊塢演員提摩西・夏勒梅（Timothée Chalamet）……。」

暈船診療室

- 坦承面對，從關係的地獄中脫離，讓自己自由。
- 把交友軟體當成認識新朋友的方式之一。
- 如果無法控制自己的追蹤行為，就封鎖對方吧！

第二章

當你接受「單身也不錯」，對的人就會出現

從字面上看來，「不怕已讀不回」很簡單對吧？只要打些字，然後按下「傳送」，或是直接的說出心裡的想法就好。然而事實也就是如此而已，克服交往焦慮的關鍵就是這麼簡單。

但真正的尤妮思知道，「傳訊息」實際上做起來比空口說白話還要難上數百萬倍。而正如前一章所說，困難的原因不是因為社會風氣、交友軟體，甚至社群網站，真正的原因出在我們身上。在這個步驟中，我們將面對真正阻止尤妮思表達真實自我的元凶：**自信不足**。

即便對方完全不是自己的菜，而且其實還挺混蛋的，但是在內心深處，尤妮思們還是真心相信自己會需要對方的肯定。因此，就算要為了討好對方而犧牲自己真正的興趣，他們也會盡一切所能的留下對方（例如過度解讀對方毫無意義的簡訊內容；假裝自己喜歡的是啤酒而不是果汁；假裝覺得棒球比賽很刺激等）。

不幸的是，你或許永遠無法克服關係焦慮，除非你願意接受一個事實：**我們的人生不需要其他人就能圓滿**。如果你寧願跟一個不喜歡你真實模樣的蠢蛋委曲求全，也不想孤單一個人，那又怎麼可能脫離暈船的痛苦，把那些不愛你的人拋在腦後呢？

單身的壓力，都是來自「比較」

多數的人都害怕孤單，在我所訪問的單身女性中尤其如此。「誰真的想要孤獨終老？」海莉這麼說。她最近才發現男友劈腿。「有時候我會思考這個問題，因為我的奶奶和外婆都獨居。這真的很令人難過。」

認識新的男友之前，潘妮洛普（那個會在社群網站上肉搜前任的朋友）深深相信，自己注定會度過悲哀孤單的一生。「我的意思是，我已經知道自己會一個人死去。」她和那輕浮的男友分手僅僅一天後，就這麼告訴我：「每天都一個人度過一定很悲哀，我的朋友都準備結婚或生小孩了。」而她絕對不是唯一如此深信不疑的單身女性。

當然，對許多人來說，這樣的壓力是源自與他人比較後的自卑。舉例來說，當我問潘妮洛普為何覺得自己將永遠孤單時，她告訴我：「我所有朋友的感情交往都比我認真，他們有能力維持穩定的關係。而從過去經驗來看，我辦不到。」

潘妮洛普不是特例，一旦開始將感情生活和朋友比較後，許多女性都對於單身狀態感到不安：YouGov 的調查中，二一％的單身女性認為，**單身壓力最大的部分是因為和朋友的感情生活比較**，而這個數字在十八到三十四歲的女性中，更是提升到三二％。

單身帶來的另一個壓力，則是覺得自己的感情生活無法達到家人的期待。YouGov 的調查顯示，一八％單身女性因為感情生活無法達到家人的期待而感到困擾，這個數字在十八到三十四歲的女性中，更是提升到二五％。

而社會規範也造成了影響：二一％的單身女性提到，她們覺得自己的感情生活並不符合社會規範的期待，這帶來了很大的負擔。這個數字在十八到三十四歲的女性中，更是提升到二八％。從各個角度來看，女性都背負著找尋交往對象的壓力。

愛蜜莉（Emily）的故事就是很典型的例子。她二十七歲，住在紐約，對於自己的感情狀態還算滿意，卻因持續遭受其他人的質疑而動搖。「唯有其他人提起時，我才會懷疑自己。有一次我和阿姨坐在車上，她大大嘆一口氣，然後說：『我們得為妳找個對象。』」

她回憶道：「我覺得自己完全有能力找到對象，只是目前還不想積極投入，所以當其他人說出這類意見時，我就會立刻開始擔心自己。這令我有點挫折，我知道有人二十五歲就能找到好的對象，有些人會花更多時間，有些人甚至永遠找不到。而他們對我的評論就好像是在說，如果選擇或希望永遠單身，代表妳出了一點問題。」

我的大學同學諾拉，對於在交友軟體上拒絕他人感到很有壓力，且也有類似愛蜜莉的單身難題。「我不認為自己害怕單身，我一點也不怕。我覺得其實當你到了一定的年紀，你的家人就會開始煩你……像是：『你什麼時候可以找到另一半？』，或者：『你覺得自己什麼時候可以邁入人生的下一個階段？』但我自己並不害怕。我會希望未來有家庭和小孩，但這並不是我唯一的夢想。

我也不覺得有時間壓力。」

像這樣的女性單身經驗在當今社會並不罕見。我們會把單身男性描繪成李奧納多・狄卡皮歐（Leonardo DiCaprio）那樣的黃金單身漢，另一方面，單身女性卻被塑造成養貓的孤僻怪異女子。即便現在男女理應平等，許多人仍然深信唯有找到白馬王子（或美麗的公主），才能從此過著幸福快樂的日子。

普遍的社會規範帶給了女性擇偶壓力，彷彿唯有如此人生才能圓滿，而這可以追溯到數十年前。「我想，其中的文化和經濟的歷史因素盤根錯節，使得女性因為約會交往而感到焦慮絕望。」賓州大學「性別、性向和女性研究學程」（Gender, Sexuality, and Women's Studies Program）的核心成員之一梅莉莎・桑切斯（Melissa Sanchez）博士這麼說。「異性戀女性自幼開始受到的教導，就是自我的價值來自成為母親。」她繼續解釋：「因此，如果到了某個年紀（每個人不太一樣）還沒有結婚、沒有小孩的話，我想這對某些女性來說會是慘痛的失敗。」

現今二、三十歲的男性在成長過程中，通常看的是超級英雄電影或男性喜劇，而同年齡的女性則是童話故事或浪漫喜劇。男性的快樂結局是拯救世界、刺激冒險，女性卻是和異性生活在一起，毫無例外。

在睡美人、灰姑娘、白雪公主和幾乎每一個公主故事中，「從此過著幸福快樂的日子」指的都是和英俊的王子在一起。即使是堅強的女性角色，例如花木蘭或《真假公主—安娜塔西亞》（*Anastasia*），最後也都找到了另一半。

而好萊塢的浪漫喜劇，也巧妙的灌輸我們類似的概念。在《金法尤物》（*Legally Blonde*）中，女主角艾兒（Elle）進了哈佛……為了追求某個男生。當然，她最後沒有和對方在一起，不過也找到了條件更好的對象，所以是個快樂結局。

在《姐姐愛最大》（*Trainwreck*）中，艾米．舒默（Amy Schumer）的角色雖然生活一蹋糊塗，卻還是找到了個性很好的醫生男友。在《可能還愛你》（*Always Be My Maybe*）裡，莎夏（Sasha）成功的主廚生涯，也是到追到青梅竹馬馬可仕（Marcus）之後才算完整。

類似的例子多到數不清！任何一部茱兒．芭莉摩（Drew Barrymore）或茱莉亞・羅伯茲（Julia Roberts）的浪漫喜劇，結局都是女主角得到男主角（但我得先說，這些電影我每一部都很喜歡）。

老天，甚至連當紅的實境節目，例如《鑽石求千金》，傳達的都是這種女性必須贏得男性歡心，才能幸福快樂的觀念；我也知道有《千金求鑽石》（*The Bachelorette*）等節目傳達了相反的觀念。然而，根據公共廣播電台（KQED）二〇一八年的報導指出，《鑽石求千金》的收視率總是超過《千金求鑽石》。

毫無疑問，我們的社會顯然熱愛「追到那個男生」這樣的劇情。因此，在成長過程中吸收了這麼多故事後，也難怪女性會覺得追不到對方（無論是男性、女性或無性別者）是自己的失敗了。

我們很難逃離這些電影、節目或書籍的影響。桑切斯博士相信，許多人在形成自己的想法之前，就已經被這樣的文化影響許久。「我大兒子出生時，我住在紐約，同一棟公寓裡有個生日差了幾個星期的女寶寶。大家都在說，我兒子長大以後一定會向這個女孩求婚。」

她回憶道：「接著另一個男寶寶也出生了，大家就開玩笑說這兩個男孩將來會競爭這女孩的芳心。於此同時，我開玩笑說或許這兩個男孩會結婚，而每個人看我的眼神，彷彿我是個變態。」

「你知道嗎，他們是自由派的紐約上西區人，支持同性戀權利等等的。」她補充道：「然而，對於這幾個孩子長大後的快樂人生，他們還是懷抱如此傳統、如此異性戀霸權的想法。」

女寶寶從出生開始，就被塑造成了浪漫喜劇的女主角，而很可能我們許多人從小建立的世界觀也是如此。因此，若在剛成年時就接觸到勾搭文化，而隨著自己年紀越來越大，卻仍沒有「正式」的交往關係，我們就會越來越恐懼自己無法「從此過著幸福快樂的日子」。

當你接受「單身也不錯」，對的人就會出現

「我今年二十八歲，卻還沒有真正的交往過。」住在澳洲布里斯本的蘇菲亞（Sophia）透過ＩＧ告訴我。她也是播客節目《我的炮友人生》（*My Life in*

Situationships）的主持人。

「所以，愛情什麼時候才會發生？因為即使遇到了某個人，在現今的交往關係中，或許得花六到十二個月才能發展成一對一的關係。接著正式交往了一年，邁向十二到十八個月的里程碑後，才會考慮同居；然後再花六個月安定下來，對方才可能心生求婚的念頭。距離婚禮還要十二個月以上，這都是預設我現在就遇到對的人的情況。到時候我已經三十多歲了，甚至還沒談到生小孩的事。依照現在的交往關係來看，我已經好一陣子沒遇到好對象了。是的，我會害怕。」

蘇菲亞的恐懼其實很常見。皮尤研究中心（Pew Research Center）二〇一四年的調查發現，美國未婚的人數達到新高，超過二十五歲的人口中有二〇%從未有過婚姻關係。同一份調查也預測，這些調查時二十幾到三十歲的未婚人口到了四十至六十歲時，仍會有二五%保持未婚。當這個社會一直告訴女性，她們的人生價值在於找到一個對象時，像這樣的數據肯定很嚇人。

而在我們開始害怕自己找不到對象時，朋友和家人又做了什麼呢？他們告訴我們，天涯何處無芳草。有點耐心！對的人在等著你。請回想一下，有多少人曾經這麼告訴你？我承認自己也曾經對許多朋友說過。

然而，我們為何不告訴自己，就算沒有戀愛對象，我們也能夠度過豐富快樂的人生？雖然與這個社會的主張恰恰相反，但女性其實很擅長單身。數據分析公司英敏特（Mintel）在二〇一七年的調查發現，六一％英國的單身女性感到自己很快樂，單身男性則只有四九％。

當然，最諷刺的地方在於，通常**當我們接受自己單身也不錯時，對的那個人才會出現**。你是否也聽過許多女性的故事，都是在接受自己不需要愛情也可以很好的時候，就立刻找到真愛？

其實這也沒那麼令人意外。試著想想看，你會喜歡一個迫切需要你（或需要一個對象，誰都可以）才能快樂的人嗎？或是你希望對方只想要你，因為你的獨特能使他已經完整的人生更加美好？（假如你選擇前者，幫幫我也幫幫自己，請認真讀第三章。）

我們需要愛才能讓人生圓滿——就是這樣的想法使我們深陷於尤妮思的世

界。多倫多大學在二〇一三年的研究發現，對於孤獨的恐懼會使人「在戀愛關係中屈就」。

換句話說，有不少尤妮思們認為，單身絕對不可能會快樂，因此即便他們知道自己值得更好的，卻終其一生都委曲求全。而我說的「不少」，意思是將近二五％。

加拿大交友軟體Bumble在二〇一八年進行的研究指出，有二三％的女性認為自己在戀愛關係中「屈就」於並不理想的對象。（這很令人意外嗎？你有多少朋友屈就了？更重要的是，你自己有多少次考慮要屈就？）

如果想安撫造成屈就的焦慮，關鍵就是取得平衡；你不需要完全「克服」單身的恐懼，也不需要瘋狂的追尋任何有絲毫可能接受你的對象。追求陪伴是人類的本能，所以想找一個特別的人分享人生是很正常的。**唯有你將渴望當成需求時，才會構成問題。**

暈船中的尤妮思	真實的你
「我害怕單身，但沒關係，我相信總有一天一定會遇到白馬王子！」	「我害怕單身，但沒關係，因為一個人也能很快樂！」

你可以把這件事想像成吃餅乾。是的，你可以不時的來片餅乾，沒關係的！吃完那片餅乾甚至可以帶給你的人生一些喜悅，但你並非一定需要餅乾才能感到快樂。**戀愛和交往都應該只是提升你圓滿人生的事物之一而已**。

那麼，我該怎麼說服你，不需要交往就能達到圓滿的人生？就算永遠單身也可以很美好？思考了好幾個月，寫下又刪除了無數次草稿，我了解到唯一的方法就是閉上嘴，讓真正非常酷的女性接手這一章節剩下的部分。

接下來的幾頁，我蒐集了許多女性的故事，有些人現在還單身，有些則在長期單身後找到對象。有些是我的朋友，有些是善良的陌生人，其中有一位是我的母親。我希望她們能帶給你一些啟發。這些女性都很傑出、激勵人心，用自己的方式享受了單身這件事。

可以把接下來幾頁當成某種「自我歷險之旅」，選擇能引

暈船中的尤妮思	真實的你
「我需要穩定交往。」	「我想要穩定交往。」

起你共鳴的故事，可能是和你的個人經驗類似，或是符合你對於交往狀態的焦慮。拿一枝彩色筆或螢光筆，把最激勵你的故事或建議圈起來、劃底線，下次再因為單身而絕望時，就拿出來重讀吧！

了解真實的自己，才能吸引到頻率相同的人

當我告訴在《Elite Daily》的主管菲伊（Faye）我打算寫一本書時，她給了我很大的支持，將我介紹給三個想成立每月寫作小組的作家。其中一個成員是三十二歲的安（Ann），她的生活體現了本書的精髓。

「我不是個專家，所以大家對我說的或許不要盡信，但我已經這麼做好一陣子了，而我知道自己覺得怎樣最好。」安透過電話告訴我。「**我真的覺得你不應該去刻意討好任何人**。假如你有感覺，就是有感覺，沒有就是沒有，沒辦法做什麼去改變。所以不如做自己就好。」

但安可不是一直對自己這麼有自信。她告訴我，她在大學時認識了第一任

男友馬可（Marco）。「他是我的第一個男朋友，一切都很新鮮刺激。我們在一起了大概四年。」她笑著補充：「妳知道的，他在前三年都對我很好。」交往第四年時，他們剛剛大學畢業，卻突然發現彼此的人生方向不同。

「我記得自己覺得：『我應該跟這個人一起度過所有好的和不好的時刻，但現在感覺是不好的時刻，而且很糟。或許我應該離開。』」但馬可才是提出分手的人，這讓她當時非常難受。

「我認為我有一天會和他分手，但我又不那麼肯定。或許因為他是我第一個男朋友，有人喜歡我讓我非常興奮，而且他又聰明又有成就，我很開心這麼厲害的人會選擇我。」

雖然安說她不想往馬可臉上貼金，但她承認這個經驗讓她釐清了自己真正想要的是什麼。「我想，馬可永遠會是我們關係中比較重要的那個。我的大學室友布莉姬（Bridget）也認識馬可，她跟我說：『他會掩蓋住妳的光芒。妳在他身邊時，不像在其他人真正愛妳的人周圍那樣耀眼。』我想布莉姬是對的。如果和給你自信的人在一起，你的確會比較耀眼奪目。」

如今，安已經單身十年了，而她也活出耀眼的人生，認為自己不再需要戀愛對象。當然，她也不會排斥，前提是「對方是真正的良伴，願意幫忙洗衣服、帶小孩去踢球、參與生活的每個部分。」

安說自己並未積極追尋另一半：「假如這個人能為我的人生加分，那很棒。但這對現在的我來說好像不太必要。我喜歡我的工作、朋友，我有很棒的家人，剪了很酷的新髮型。假如我能認識真正的伴侶，老天啊，不可思議。但我不會覺得自己非找到這樣的人不可。」

她對於交往戀愛的看法僅止於此，選擇將焦點放在自己身上。「以前我會因為別人不想再和我見面而難過；我會為了配合他們的行程，而取消自己想去的瑜伽課。接著心想：『為什麼我要為了這個人這麼做？他又不願意這麼對我。』或是我會變得不像自己、會想太多，花一堆時間思考：『我到底該不該傳訊息？』老天啊，你可以花上大把時間想著怎麼追一個人，卻忘了問自己，你到底是不是真的喜歡那個人！」

覺得很難脫離渴求其他人愛你的心態嗎？安希望你問問自己以下的問題：

「我想要什麼？我喜歡這個人嗎？我是瘋狂愛上這個人，還是希望這個人瘋狂愛上我？」

「我覺得通常都是後者，所以當對方不想繼續下去，你就會很難過。這不是因為他真的很有趣，或是你覺得他很棒。」安笑著說：「沒有人喜歡被甩，但我認為**如果你知道自己真正的模樣，就會吸引到和你頻率相符的朋友、男朋友或女朋友**，你也不用為了對方改變自己。」

談話的尾聲，安用一句話總結，我真想印下來貼在客廳裡：「我覺得，假如一開始就假裝自己是電影裡完美的女生，那就要一直裝到底。而我不是電影裡完美的女生，我是我自己。我希望對方接受這樣的我。因此，選擇一開始就真實呈現簡單多了。」阿們。

暈船中的尤妮思	真實的你
「他喜歡我嗎？老天，假如不喜歡，我乾脆去死。」	「等一下，我是真的喜歡他嗎？這個人能為我的生命帶來什麼？」

填補內心的空洞，從感受孤獨開始

當我開始寫作這本書時，摩根（我在前言提過）告訴我，一定要和她的朋友潔絲（Jess）聊一聊。潔絲和摩根是高中同學，目前住在洛杉磯。你曾經歷過「不知道自己是誰」的階段嗎？潔絲也是過來人。

「到目前為止，我已經單身三年了，而我也度過了許多人生的美好時刻，因為我知道自己是誰，也學會怎麼愛自己。」在三年的單身期之前，潔絲一再進入一對一交往關係，她說自己：「會很快一頭栽入關係中，以至於錯失了重要的成長階段，沒有注意到『我在乎什麼？我喜歡什麼？』」

你大概也猜得到，潔絲並不是某天早上起床後，就自動領悟了所有的答案。她付出了許多努力才達到如今的境界，這是在度過了和最近期前男友分手的傷痛後才開始的。

「一段時間後，我發現距離和生活習慣的不同，為我們的感情帶來許多負擔，光有愛是不夠的。這真的很痛苦，我們越離越遠，不過這也讓我完全專注在工作上，可以繼續前進。」她說：「整個過程**從填補內心的空洞開始**，然後是留意自己做了什麼來填補空洞。」

「那時還是會覺得『我到底是誰？』或『我在乎的是什麼？除了工作以外又想追求什麼？』空洞就在那裡，那就是我所欠缺的部分。」

一旦發現了空洞，潔絲面對的問題就是該如何填補。「對我來說，這就是面對自己的恐懼，把自己放在不舒服的情境中、放慢速度、感受孤獨……我規畫了兩個星期的單人登山旅行，把行李放上車，在大提頓山脈和大峽谷露營了兩個星期。」潔絲說，**單獨旅行是釐清思緒最好的辦法**。

這個故事最棒的地方，就是潔絲真的實踐了！她不是只在心裡有著單獨旅行的念頭，然後邊工作邊拖延，幻想自己駕著獨木舟。她真的出發了，而且得到了許多寶貴的體驗。

「我決定放手一試。」她告訴我：「我經歷了十四天、每天十幾個小時的時間和自己對話。一邊健行，一邊逗自己笑，從車子的後照鏡看自己，唱歌然後微笑。那些時刻，我全然的孤獨，卻感受到了前所未有的快樂。我領悟到，我可以和自己當朋友。」

這是面對自我的最終形式，潔絲用從未有過的方式檢視了自己內心的想法：「我以前總是批判自己，但獨自傾聽內心的聲音這麼多天後，我意識到自己可以再更溫柔一些。**我希望別人怎麼對我，就應該這麼對自己。」**

最終，這段自我探索之旅讓潔絲更深入的了解自己。但在此之前，還發生了幾件事：「從一段認真的關係到另一段時，我習慣聚焦在其他人的需求上，卻忽略了自己的需求。當這些關係結束，我就用工作來填補空洞。讓自己分心，不注重自己的需求，其實很容易；而逼迫自己面對一切，是我做過最困難的事，但也帶來最多的收穫。」

旅行結束後，潔絲回到日常生活，而其中也包含了約會。但她已經不會再想藉此填補內心的空洞。「我的第一優先順位是我自己，讓自己更加成長，並且記住旅途中的體

暈船中的尤妮思	真實的你
「要怎麼讓別人愛我？」	「要怎麼愛自己？」

悟；更愛自己，對真正的自己感到驕傲。對我來說，這意味著顯現自己脆弱的一面，並再次對其他人敞開。」她說：「我想，這就是我的下一個挑戰。我要和其他人分享自己的真心，讓他們看見真正的我。」

談感情不要「自動駕駛」

塔拉（Tara）現年四十歲，住在賓州的哈里斯堡。她在二十四歲時和男友訂婚，但她坦承這麼做其實只是因為「好像就應該這樣，這是符合邏輯的下一步。當他求婚時，我們已經交往好幾年，也同居了兩年。」塔拉和對方幾乎認識一輩子了。他們二十二歲開始交往，越來越認真，幾年後她就發現自己正站在他面前，對方單膝跪著，手裡拿著戒指。

「我記得自己看著他，又看看戒指，就覺得：『好吧，我想就這樣了。我們同居，養了一隻狗，有許多共同朋友，有一棟房子。**大家都這麼做**。』」她在電話上告訴我：「現在我知道這是不對的，當時我完全沒有『天啊，就是他了。』的感覺，我知道答應求婚是不對的，但是在我心中……我想不到有什麼這個社會可以接受的拒絕理由。」

因此她順勢答應了。「我們結婚了。我不想舉辦盛大的婚禮。當時，我開玩笑說要存錢離婚，或許這就是事情將會不妙的跡象。」她笑著說：「接著，我們到度假勝地結婚，就我們兩個人而已，那是場不錯的婚禮。」

然而婚禮才剛結束不久，一切就急轉直下。「我們之間一直存在的問題開始惡化，而且被不斷放大。」她回憶道：「我的前夫對婚姻的意義有許多堅持，對於我該怎麼扮演妻子的角色也是。一切發生得很快，某天晚上，他說：『我希望妳盡更多妻子的義務。』這讓我心想：『你到底在說什麼？』」

「他希望我辭掉工作，希望我生小孩，而我卻一點也不想這麼做。」她繼續說：「他就是認為（有點像我一開始說的），大家都這樣，這些是該做的事。但我不是那種人，我不想那樣，我不希望自己過那樣的生活。」

一年半的期間，兩人衝突不斷。「幾乎整段婚姻中，我們都在吵架。」她一邊回憶，一邊笑說：「情況惡化到令我沮喪，我幾乎整天都在睡覺，而且我變得很討厭他。值得慶幸的是，他工作時間很長，只有星期天休假，所以我不會太常看到他。這真的很糟糕。」

最後，她的丈夫要求分開。「我們之間的情況非常糟糕，而某天晚上，他很晚才回家，然後說他覺得我們該分開。」她說：「一開始，我真的很生氣，奪門而出，把戒指拔下來。但他跟了上來，並說：『這不就是妳想要的嗎？妳不是很恨我嗎？』而我說：『對，我的確恨你。』在那一刻，當我說出恨他的時候，我終於可以不再恨他，因為所有的一切都不同了。這讓我整個人都解脫了，也覺得非常快樂。」

我得說清楚，變化就是會來得這麼及時。塔拉脫離屈就婚姻的那一刻，就陷入了狂喜。「這真的很有趣。我們有一位朋友在別的州當檢察官，所以沒辦法親自處理我們的離婚事宜，但他知道法院會問什麼問題，於是我們某天就約在一間中國餐廳見面，幫助我們處理離婚協議。過程中，我的前夫起身上廁所，而這個朋友看著我說：『妳看起來容光煥發！』」塔拉回憶道，並笑著補充：「我就回說：『對啊，我知道！』」

離婚讓塔拉重新找回獨處的快樂，而她後來也找到了新的愛人。「真的很棒。我還記得搬家的那天，我父親過來幫忙，替我把音響裝好，而我播放起平克·佛洛伊德（Pink Floyd）樂團的唱片。當時我沒有任何家具，空蕩蕩的房間裡就只有這臺音響。我坐在硬木地板上，然後躺下來，覺得非常放鬆、非常快樂，充滿了喜悅。我邊笑邊哭，在屬於自己的空間裡聽著自己的音樂。接下來的幾個星期，除了電影和罐頭湯之外我什麼也沒碰。這是因為我終於可以隨心所欲。」

心碎是最美好的事

柯莉（Cori）二十七歲，住在舊金山，從高中開始我們就是最親密的朋友。她的第一段感情發生在二十多歲，

暈船中的尤妮思
＊對象要你做任何事。 「好！！！！！」

真實的你
＊對象要你做任何事。 「讓我考慮一下。你真的值得嗎？」

大約只維持了一年。我得說，分手之後的她是我看過最快樂的。

「我覺得現在的自己和單身時完全不一樣，而且是好的那種。」她透過FaceTime告訴我：「我會認真想想自己是怎樣的人，自己想要什麼。現在我知道，有些人不是我想要的；倒也不是說我不想要談感情，但**我已經知道自己不想和哪些人來往**。」

柯莉並不急著再找到另一個對象。「我發現自己其實喜歡單身，因為我可以隨心所欲。這聽起來很老套，但我終於可以更專注在自己和朋友的身上。」她說：「我想，當你依賴某個人時，就會想著為他改變。我不是說每個人都會這樣，但許多人都會為了彼此而調整，最後失去了自己的個性。單身的話，你就可以真正了解自己。我希望人們不要對單身這件事太鑽牛角尖，若能敞開心胸去接受會好得多。」

當我問柯莉，她為何能有這樣的領悟，她說是因為前男友傷透了她的心。「但願所有像以前的我一樣的人，都能有**心碎的經驗**，因為你真的**能因此更加了解自己**。」她說：「心碎是世界上最糟的事，但我認為，也可能變成最美好的事。就像我，雖然花了一些時間復原，但也從中學習到了許多。」

對柯莉來說，把心碎轉變為正面的經驗並不是像魔法那樣自動發生。她笑著告訴我：「妳知道『時間會治癒一切』這個說法嗎？這是真的。但你也不能只是呆坐在那裡，等著時間來治療一切。」後面我們會再談談柯莉做了什麼。

「心碎的經驗不一定全都來自真正的交往對象。」柯莉說道，並且提到「感情關係」結束時感受到的痛苦，和心碎比起來，更像是足以摧毀你的事物。「這會摧毀你，因為你會覺得一定是自己有什麼問題。」她說：「就像是我有時候會想起自己以前約過的某個男生，我們沒有正式交往，我以為是自己有問題才讓他不願意和我在一起。但現在，我知道不是這樣。」

柯莉說，隨著時間過去，她越來越了解到：**不想和你交往的人，對你有什麼看法一點都不重要**。「有人會回想以前的炮友，然後說：『該死的，我希望我們還在一起』嗎？沒有。」她笑著說：「你會說：『還好沒有在一起。』回想那些曾經讓我傷心的人，現在我只覺得，噁，那些人太噁心了。」

澄清一下，柯莉也曾經因為突然被分手向我哭訴了一整個晚上。她很清楚非正式的交往關係，有可能完全摧毀一個人的自我價值。然而，隨著時間過去，她也找到了自己的力量，能夠看清這些沒能成為男朋友的人，完全不值得她花時間。

唯一的「應該」，是你應該自己做主！

蒂芬妮（Tiffani）三十三歲，住在洛杉磯。她知道自己不適合浪漫愛情，在二十一歲時短暫和當時的男友同居後，得到這樣的結論：「在那之後，我就從來沒有和任何人認真交往過。當然你會認識一些人，覺得可以試試看，但是我從來不會進一步發展。」她又笑著補充，她也不認為自己是「單身主義者」。

1 指鐵達尼號電影的主題曲〈我心永恆〉（*My Heart Will Go On*）。

暈船中的尤妮思	真實的你
「閉嘴，鐵達尼號，我的心才不永恆。」[1]	「我的心現在很痛，但我會撐過去，並且能更加了解自己。」

讓蒂芬妮難以接受的，是交往中情感的層面。「我發現，自己沒辦法理解伴侶這個概念。」她說：「不是說我是個渣女，但我喜歡有自己的時間和自己的空間，而且我也不太想對任何人負責。」不難想像，這對認真的交往關係來說會是個問題。

「我喜歡出去約會，和人們聊天，但就是真的沒興趣和任何人在一起。別人會想幫我介紹對象，但我真的不想要。即便我嘗試著認真和某人交往，但往往會覺得自己變得不像自己。我覺得自己會被迫改變……這感覺很怪，因為大多數的人都喜歡戀愛和交往，但我就是沒有那麼想。」

在這個社會裡，每個人（特別是女性）似乎都有「應該」的模樣。蒂芬妮只是想單身而已，而其他人卻難以理解。「我和家人出門時，姊妹們會說：『妳應該更常出去約會。』她們甚至會試著幫我介紹對象。我記得某次對話中，我姊姊說：『如果有個二十四歲的人說自己不想結婚、不想談戀愛，妳不覺得她有什麼問題嗎？』我知道她在說我。」

蒂芬妮笑著回憶道：「但我說：『不會啊。』即使到了今天，還是常有人說：『妳一定很寂寞』我就說：『這也未必吧？我也認識交往中還是覺得寂寞的人。每個人都可能會寂寞。』」

然而在二十四歲時，蒂芬妮決定生小孩。「我希望自己能在二十七歲以前有小孩。」她說：「但我沒有真正的交往對象。」因此，她做了一些安排，找了十二歲就認識的童年好友。「我告訴他我想怎麼做，我們用了『傳統的方式』，我也順利懷孕，其他就不多說了。」她提到，她告訴那個朋友，關於小孩的事，她不希望他「參與太多」，而他想怎麼過他的人生都沒關係。

獨自生小孩的決定換來更多家人和朋友的批判，很多人知道她沒有「正式的對象」後，都問她怎麼會懷孕？「這是對於單親媽媽的偏見。」她說：「但事實不是那樣。我已經有不錯的職涯發展、自己的房子。我很獨立，也準備好要養育小孩了。」

即使是現在，她的孩子是學校的資優生，而她也很快樂的獨自養育他，卻還是會遭到側目。「不管怎樣，人們都還是會有許多偏見。」她說：「即使是在學校，假如我兒子偶爾惹上麻煩，人們會歸咎到他沒有父親這一點。但他才二年級，犯錯是很正常的。」這真的很荒謬，因為他只是個孩子，「孩子就是會在教室裡跑來跑去」。

當這些人讓蒂芬妮覺得，自己好像犯了什麼滔天大罪時，她是如何對自己的人生抉擇保持信心呢？「我覺得這是每天會經歷的過程。」她說：「每天告訴自己：『我的人生是我的』和『**只要我的決定對我是正面的，也不會帶給其他人負面影響，那麼就該由我做主**』。因此，我試著讓自己振作，關注我的內心、寫日記；試著愛自己，告訴自己我很正常，並不是唯一一個覺得婚姻不適合自己的人。我試著向其他單親媽媽看齊，從她們身上得到力量。」

蒂芬妮的故事特別發人深省，因為她放下了社會成規、無視其他人批判的眼神、不顧傳統認為的「快樂結局」應該如何，並走出了自己的道路。雖然她選

暈船中的尤妮思	真實的你
＊一點也不想結婚＊ 「但我媽結婚了！我所有的朋友都結婚了！我必須結婚，因為大家都這麼做。」	＊一點也不想結婚＊ 「好的，我想我這輩子不會結婚。」

擇的道路並不容易，但當問到她創造的人生是否符合真正的自我時，她能毫不猶豫的說：「是的。」

擁抱快樂的單身生活（但要想個備案）

在開始分享我老媽的單身哲學之前，先讓我快速的告訴你，她是個怎樣的人。她時常會寄電子郵件給我和妹妹，標題都是「妳美艷動人的媽媽」，而信件的內容通常只是一張超大的照片，且沒有任何文字說明。她也常常在聊天群組傳自己的照片，加上很酷的一句：「我看起來超完美吧！」

不用說，她的自信心非常強大。某次我問她，被心儀的對象拒絕是什麼感覺，她笑著回答：「誰在乎他們喜不喜歡我？我喜歡自己就好。」她真心愛自己，而更重要的是，她也真心愛自己的人生。

上次回家時，我請六十九歲的老媽坐下來，告訴我她如何得到如此堅不可摧的自信心，又是如何面對自己的人生。

老媽離婚兩次。第一次很不順利，她承認自己未曾愛過那位前夫；第二次比較平順，卻令她心碎，因為她承認自己真心愛著我老爸。「這兩次離婚時，我最常思考的重要問題就是孤單。」我們面對面坐在她家客廳時，她這麼告訴我。

「我在評估：『好吧，我要離婚，而這或許意味著我會一輩子孤單。』有了這種結論，權衡了各種好處和壞處後，我還是覺得值得。一輩子孤單也比較好。我離婚時不會想著『明天要找個新對象』，而是『就算再也找不到對象，也比和他在一起好一點』。我給所有想離婚的朋友一個建議：『想離婚嗎？思考一下，看看假如一輩子都沒有找到別人，你獨自一人會不會快樂？』這個問題非常重要。」

老媽和老爸離婚後，還有過幾段非正式的關係，但大多數時間，她都是單身。「過去二十年來，我有過兩、三段關係，每段大概都維持一、兩年。然後我會想：『好的，接下來的人生如果都和這個人在一起，我會快樂嗎？或是把他甩了，再找別人更好呢？』然而，我或許會誰也找不到，會一直一個人。」

每一次，她得到的結論都是，自己一個人會更快樂。

「當然，有時候我會希望有人陪著我。我的意思是，我到哪裡都是一個人，做什麼都是自己做。」她承認道。「我不需要任何人。我也有很多女性和男性朋友，我很喜歡他們；但偶爾來點浪漫也不錯，交個男朋友也不錯，可以和愛你的人一起去許多地方，做各種事情。」

最終，她認為現在的男友就是那個對的人。雖然這兩個人恩愛的程度讓人有點受不了，但老媽說，她知道即使對方明天和她分手，她也不會有事。「我還是會快樂，因為我每天都能看見自己所愛的事物，也能做自己喜歡的事。他的參與只是讓這些更美好而已。」

雖然老媽提到，如果能早十年認識對方會更好，但她的單身生活沒有遺憾。「我真的為自己創造了快樂的單身生活，因為我覺得這就是我想要的。」她這麼告訴我。

當我問她，除了「下定決心」之外，還能如何創造快樂的單身生活？她給了下面五個方法：

• **重新構築你對單身的想法**：「你得**把單身看成自由**。你能夠自由的做任何事，掌握自己的人生。你的人生就是一張空白的畫布，任你揮灑。」

• **得到經濟上的穩定**：「最重要的是，確保你的經濟穩定。一旦經濟穩定後，你就可以做任何想做的事。」然而，老媽還說，**只要知道自己能養活自己，就會為你的自信打一劑強心劑**。

• **找個興趣**：除此之外，她也推薦你找一些自己「熱愛」的活動。「找個你熱愛的興趣。有些人喜歡畫畫，有些喜歡音樂。如果你有了可以帶來快樂的興趣，那你就永遠不會孤單。」

• **打造你喜歡的個人空間**：「在周遭放滿你喜歡、欣賞的事物，把其他沒用的東西丟掉。」她這麼說道，然後指著桌上的花瓶。那些花朵都是從她的花園採的。「在花瓶裡插一些花會帶給我快樂。」她又朝我們周遭的客廳揮手，補充：「這些是我為自己創造的，我每次看著都會覺得非常快樂。」

• **想一個不太糟的備案**：「有時候我會想，『最糟的情況，假如我一無所有，也沒有所愛的人，那麼就在溫暖的地方找一間海邊小屋吧。』這對我來說挺好的。」之所以要想個不太糟的備案，是為了舒緩人生中無法避免的打擊所帶來的壓力和焦慮。這會提醒我們，即使你的人生看起來要分崩離析，而你孑然一身、一無所有，你也不會只是得過且過，你還是能快樂。

「如果你有了自己喜歡的興趣，時常投入；又有一間房間，讓你精心布置，放一些美麗的家具，再播一些好聽的音樂，那麼你如何能不愛自己呢？你怎能不享受這樣的人生？更重要的是，你會因為創造出這樣的生活而更愛自己。」我必須誠實說，我從未害怕「永遠」單身，而這肯定是受到老媽的影響。親眼見證她為自己打造出不可思議的快樂人生，可以說是她給過我最好的禮物。我希望在讀完這章節後，你也能享受這份美好的禮物。

前面幾位女士也給了一些建議，能幫助妳從被甩的悲傷女子，變身為快樂的單身女郎：

- **每天運動**：「我知道大家都這麼說，但你真的得讓自己的身體裡有些腦內啡。」柯莉這麼說。她是對的。為了擺脫難過，你得把腦內啡找回來！最健康的方式就是運動，即使只是在客廳裡做幾個開合跳也好。

• **去做你一直想做的事**：對安來說，這件事就是搬家到紐約。看看這帶給她多大的好處！她現在感到前所未有的快樂。有沒有什麼是你一直想做，卻受限於伴侶而無法進行的事？去做吧！

• **規畫一些活動**：「每幾個月，我就會規畫旅行去拜訪朋友。」柯莉告訴我，她分手後做了哪些事：「我也一個人去了一趟愛爾蘭。我為自己訂了很多計畫。」即便你沒辦法出門旅行，也可以試著做些簡單的計畫。即便只是用FaceTime和好友來個線上約會，也是值得期待的小事。

• **學到經驗**：當塔拉回顧自己的婚姻時，並不認為那是遺憾，反而覺得從中學到許多。「那是很棒的學習經驗，真的。」她說：「我從不後悔。我必須通過這段考驗，才能蛻變為現在的自己。我不喜歡沉浸在悔恨中，也認為每段關係都是值得的，就算是不好的關係也一樣，因為這讓我們有機會學習，而我好好把握了。」

・**對擁有的關係懷抱感激：**「很多人會忽視自己的朋友，沒有意識到友情或許才是人生中最穩定、重要的關係。」潔絲這麼說。而我再同意不過了。我們一生中的伴侶來來去去，但朋友和家人是永遠的。

・「單身」這個詞似乎在暗示你很孤單，但對大多數單身的人來說，實情並非如此。**利用單身的時間來充實你既有的人際網絡**，和好朋友講幾個小時的電話，和父母視訊聊天，和太久沒有聯絡的朋友約出來吧。提醒自己，你並不孤單。

・**清理一下社群網站：**分手後，柯莉決定暫時刪掉IG，避免前男友又突然出現在她的生活中。「我把密碼交給好朋友變更，讓我沒辦法再登入。」她說：「現在（一年多了），我甚至不想重新使用IG，而這和前男友一點關係也沒有。我只是覺得，少了社群網站會更自由、生活也更好而已。」

・**重新裝潢：**聽聽我老媽的建議，好好把自己的空間布置成自己喜歡的樣子。可能是從商店裡買一些花回來，或是重新改造整間臥室。就算只是放一些你喜歡的裝飾品、做些手工藝，都能夠讓你在痛苦中有正向的改變。

・**找個談心的對象**：以柯莉為例，她去接受了諮商。「我想，分手和交往都讓我意識到，自己有些問題是必須認真面對的。我很久以前就應該去諮商了，這真的有很大的幫助。」假如你不想要諮商，那也不必勉強。柯莉說，和朋友談談也同樣有幫助。「即使只是和親近的朋友談談，和那些不會感到不耐煩的朋友談談，都能有很大的改變。」

我知道在單身這件事上，我沒辦法根除所有社會曾經告訴你的觀念。正如這一章一開頭，我引用桑切斯博士所說的，和這本書相比，有許多事物的影響力更大，讓我們相信必須找到一個對象才能得到快樂。很顯然，一本書並不足以改變我們一直被灌輸的觀點。但我希望，至少這一章能帶給你一些新的想法，讓你看到不同的快樂結局。或許下一次，那個愛管閒

暈船中的尤妮思	真實的你
「老天啊，我才不要當個養貓的單身怪女人，孤單終老，沒有人陪伴。」	「哇，你能想像沒有男人扯後腿，我能為自己創造多美好的人生嗎？」

事的姑姑質疑你怎麼一直單身時，你可以重讀這一章，記得你可以成為自己的白馬王子，穿著閃亮的盔甲拯救自己。

暈船診療室

- 讓自己渴望愛情，但別陷入渴望之中。
- 記得，與其委曲求全，不如維持單身。
- 做任何自己想做的事，因為沒有人能阻止你了。

第三章

暈船總是難免的，但有些人你永遠不必等

有些人你就是不該傳訊息給他，除非那則訊息的內容是「再見」。開始寫作以來，我的研究內容及主題都和約會交往有關，所以有許多人會來問我，他們的感情生活出了什麼問題。

有趣的是，對大多數人來說，唯一的障礙就是他們糟糕透頂的品味。問題不是他們的個性、長相、學歷，或是其他讓他們認為自己不可愛的理由。問題是**他們總是在追求不值得的對象，並且在過程中貶損了自尊心**。

有太多人為了贏得爛人的愛，心甘情願的毀了自己的生活，浪費大把青春。這說來很諷刺，因為許多人其實很害怕虛擲光陰。根據 YouGov 的調查，三七%單身女性認為，在感情上「浪費青春」這件事令她們非常焦慮。為了不再浪費時間，你必須、必須、必須（沒錯，因為很重要所以要講三次）讓某些人從生命中消失。

這裡有個比喻，能再強調這件事的重要性。但先警告，這有點噁心（我把這段讀給老媽聽，她求我不要收錄在書裡；接著我念給老爸聽，通常他對於我的點子都很能接受，但連他也覺得這很噁心。不過我喜歡，而我的編輯也沒意見，所以我還是放了，抱歉啦，爸媽）。

關鍵在於，假如你選擇浪費時間追求不對的人，你的愛情生活（乃至於整個人生），都可能變得噁心。因此，我必須用噁心的比喻，讓你了解某些人對於你的人生可能是劇毒。話不多說，以下是我的馬桶比喻[1]：

把你的大腦想成馬桶。不是那種精密、內建坐墊加溫器的免治馬桶，不，請想像成六〇年代的舊型馬桶，在某間沒有電梯的老舊公寓四樓。馬桶本身沒什麼問題，能發揮該有的功能，甚至還有一些新型現代馬桶所沒有的個性。

但說到底，這個馬桶很脆弱。或許你偶爾可以成功沖下一、兩片衛生棉，但第三次想沖水時，馬桶就會整個堵住。你的廁所變得一團混亂，而你只能絕望的聯絡水電工來幫你通馬桶。一切就像一場臭氣沖天的惡夢。

馬桶就是你的大腦，你的大腦會負責處理你接收到的一切訊息。你可以只丟入摺得整整齊齊的小張衛生紙（指的是那些真正尊重你的好人），或是不斷

1 在此要感謝我大學的室友梅格，不但沒有嫌我噁心，還陪我把這比喻修改得更精準。

投入無法處理的衛生棉，讓你像個尤妮思那樣大崩潰。

假如馬桶是你的大腦，那麼衛生棉對你來說就是生命中糟糕的人。不要因為成功沖下去一次就被騙了；也不要因為你朋友說他們成功沖水了，就輕易相信。你的馬桶終究會被衛生棉堵塞，而一旦如此，整個廁所（也就是你的人生）就會被汙水淹得亂七八糟。

這些汙水就是你焦慮的念頭。一開始，你會因為對方回的一封訊息而興奮不已，足以掩蓋你的焦慮和不安（也就是你設法沖下去的那一片衛生棉）。你太興奮了，以至於完全忘了這些情緒的存在。

但如果你持續和這些混蛋聊天，你的大腦終將無法承受，最後便會大爆發。所有曾經被混蛋們傷害的記憶會一擁而上，你的不安感也會提升到最高點。

廁所是你的整個人生。很顯然，焦慮不會只影響你的大腦，而會影響你的全部。你會難以專注於工作，難以和朋友相處，也難以入眠。這樣很不好。

水電工指的是你的治療師、朋友，或是母親。無論那是誰，總之就是當你的大腦因為某個混蛋而阻塞時，你尋求幫助疏通的對象。

如果你很好奇，為什麼在談論單身的問題時，我還要花時間講交往？原因是我知道「單身」未必代表你的人生中沒有任何其他的浪漫關係。

相反的，現代愛情中的「單身」指的通常是下列四種狀況：

一、沒有交往或感興趣的對象。

二、有在約會，但沒有真正感興趣的對象。

三、正在和某人非正式的交往，有可能更進一步。

四、浪費大量時間追求某個人（無論理由為何），而那個人會讓你的人生悲慘萬分。

這一章要關注的是第四種，也就是大腦這個馬桶被衛生棉堵塞的情況。

在開始之前再提醒一下：我之所以沒有寫一些比較嚴重的警訊（例如虐待），是因為我沒有足夠的專業能提供建議，也認為如果把關係裡的任何虐待簡單歸類為「浪費時間」，那也太輕浮隨便了。

無論是否處於正式關係，虐待都是個非常嚴重的問題。假如你覺得自己在任何方面受到虐待，以下是求助的資源：撥打全國家暴專線1-800-799-7233（譯按：臺灣讀者可撥打婦幼保護專線113）。

好的，我們開始吧。你可以先大致瀏覽以下的十種情況，找到符合你的情況再仔細閱讀。除了當下使你的人生宛如惡夢的那個人，你或許還會看到許多曾經浪費你時間的前任。誰知道呢，或許有些人符合的類型不只一種。

無論如何，仔細閱讀，抄點筆記，準備好徹底清除你堵塞的大腦馬桶吧！

1.最難一刀兩斷──「他很完美，但是……」

定義：人生中，總是會遇到對你來說非常完美的人……除了某個你完全無法控制的重大因子。他們對你來說很完美，「但是」他們的職位需要一星期工作一百個小時，所以沒空去找你。

他們很完美，「但是」他們正在處理混亂的離婚過程；他們很完美，「但是」他們住在很遠的另一個城市……。

這種「但是」的人通常最難一刀兩斷，因為你會覺得似乎沒有什麼好理由這麼做。因為他們很完美，不是嗎？

我二十二歲時，在紐約某個廉價酒吧遇到我的「他很完美，但是」男友，他叫做保羅（Paul）。我的朋友們如果讀到這段，大概會猛翻白眼吧，因為保羅可以說浪費了我一整年的生命。

懶人包如下：保羅和我一拍即合，幾乎一整年都每天聊個不停。問題出在哪呢？他不住在紐約。我們試著發展下去，規畫互相拜訪的行程，也持續傳訊息聊天等；但事實就是，我們不可能順利發展下去。他不住在紐約，我住在紐約，而我們兩個都不想對此做出改變。

• 這類的人為何浪費時間

無論你的「但是」背後的理由是什麼，重點就是**你們之間有個比對方都重要的因素在阻礙著**。是的，如果愛情可以勝過一切就好了，但有時就是沒辦法。如果繼續在一起，只會使你精疲力竭、憤世嫉俗又失去希望。最重要的是，如果繼續在他們身邊，你就無法看到更棒的潛在對象，也就是那些沒有其他包袱的人。

．脫身計畫

從我的親身經驗，我知道要和相處如此融洽的對象分開非常困難。儘管你的家人和朋友大概都會不斷勸阻，你卻仍然把對方好好供在內心的寶座上。那麼，該如何著手擺脫對方呢？

我建議準備一本筆記本，在兩個星期中，每天睡覺前都記下自己當天快不快樂。你得非常誠實。假如你發覺在交往中委曲求全會讓你快樂，很好，恭喜你。你證明我錯了。但我覺得事情不會如此，殘酷的事實通常是：有「但是」的關係永遠不會讓你真正快樂。

把你這兩個星期的發現當成分手時的彈藥。在提分手時，對方大概會希望你給個理由。幸運的是，你有個很合理的解釋——繼續下去不會有結果。假如分手後你傷心欲絕，那也沒關係，就心碎吧。

然而最終，你的心痛會開始痊癒，而你會發現少了那些「但是」，你的生活也少了許多壓力和起伏。嘿，你或許還可以認識不需要大費周章就能穩定交往的對象呢！

愛上「很完美，但是」類型的跡象

- 你的朋友和家人很擔心。
- 每當提起你們的關係，你的防衛心就會變重。
- 你真心相信對方不可能犯錯。
- 你不斷為對方不夠完美的行為找理由。
- 某些因素使你們的關係不能正式公開。
- 你相信假如沒有這些外在因素，你們一定能正式交往。
- 內心深處，你知道你們不會有結果。
- 你對於人生的各個層面都變得憤世嫉俗。
- 你耗費心力想維持感情。

暈船中的尤妮思	真實的你
「這段感情讓我壓力很大，一直冒痘痘，讓朋友接到我的電話都想開靜音，但這都沒關係，愛能征服一切！」	「愛或許沒辦法克服我們之間五萬英里的距離，而我們也都不想搬家。」

- 你的新座右銘：「愛能征服一切。」

2. 剛認識就示愛？他很可能只想做愛

定義：「太多、太快」的人從一開始就會義無反顧的一頭栽入。最極端的情況裡，他們會非常慷慨浮誇的寵愛你，讓你覺得自己終於成了偶像劇的主角。他們在最溫柔的時刻，簡直就是教科書的理想伴侶範例[2]，但其實只是想盡快把你追到手（上床）。

或許他們的上一段感情二十分鐘前才結束。無論如何，他們都表現得超級積極，雖然的確讓你覺得備受重視呵護，但內心深處，你卻會警覺這個人不太對勁。

琳希（Linsey）二十九歲，住在奧克拉荷馬州，透過私人訊息和我分享了這個「太多、太快」的故事：「第二次約會時，他就向我示愛。我們確實喝了幾杯酒，但還是太瘋狂了。我那時雖然心想：現在是怎樣？但我還是跟他交往了五個月。在四個多月時，我們之間的感情急速蒸發。他突然性情大變，某天開始就不再接我的電話或回訊息了。」

・這類的人為何浪費時間

我就幫你省下思考的時間，直接說答案吧：這種人太衝動了。**他們決定甩掉你所需要的時間，很可能就和決定交往一樣短**。除此之外呢？他們甚至不怎麼了解你。慷慨的浪漫舉動如果來自真心想了解你的人，那麼的確令人心花怒放，但「太多、太快」的人通常只是急著想和任何會呼吸的人交往（上床）而已。

・脫身計畫

根據你對他的感覺，你會有兩個選擇：

選擇一：立刻結束關係。假如你直覺不妙，就該立刻這麼做。至於該如何結束？只要簡單就好。可以突然神隱，或是傳個有禮貌的訊息說不愛了等等。「太多、太快」的人有個好處，就是他們很早就會展現出真正的樣貌，所以要

2 YouGov 的調查中，有一二％女性表示，曾經在過去五年內有過這樣的伴侶。

分手不會太困難，你也不會覺得欠他們一個解釋。

選擇二：如果你感受到對方的緊迫盯人，就可以要求放慢一點，讓你們能真正認識對方後再交往。假如對方顯得不情不願，快逃吧！

愛上「太多、太快」類型的跡象

- 第一次約會結束五分鐘，你就收到各種「好想你」的訊息。
- 你的朋友都覺得毛骨悚然。
- 你幾乎沒有分享任何關於自己的事，他卻認定你就是對的人。
- 想到他的時候，你的內心深處覺得有點毛骨悚然。
- 對方太過積極，使你有點不敢提分手。

暈船中的尤妮思	真實的你
「天啊，我們超級恩愛。雖然每次談到我們的未來，我的胃就會有點翻攪，而且我的朋友都覺得不行，但這都不重要！我們深愛彼此！我們的愛能對抗全世界！」	「這個人顯然活在自己的幻想裡，所以他說的一切我都不能相信。」

- 你知道對方前幾段感情都是無縫接軌，而他又迫不及待要對你認真。
- 對方第一次說「我愛你」時，讓你完全措手不及。
- 你才剛把對方存進聯絡人名單，他就要求要公開戀情。
- 你注意到對方在生活的其他方面也同樣衝動。

3.死路型最愛說的話：「我還沒準備好談感情」

定義：這類的人就像一條「死路」，因為和他們在一起不會有未來。你或許會想：但是這裡每一類的人都沒有未來不是嗎？某方面來說，的確是這樣。但對於這一類的人，很顯然你們的感情是不會發展成穩定關係的，因為他會很直接的這麼告訴你。

他們會告訴你自己「不相信世俗的稱謂」，或是「現在太忙了，沒空談感情」。而事實是，跟他們交往就像被困在感情的死胡同裡。然而，有許多女性都曾經深陷同樣的處境：根據 YouGov 調查，一八%的女性[3]在過去五年中，都曾經和不願意給承諾的男性交往。

布魯克（Brooke）二十五歲，來自沃思堡：「我和這個人『交往』了差不多兩年，是他有實無名的女朋友，因為他**既不願意真心投入，卻又想要享受各種有女朋友的好處**。我見過他的家人，他甚至也說過愛我，想和我有共同的未來；但每次當我提出想要正式交往，他就會說自己『還沒準備好』。不知怎的，我一直想說服他我值得。他是我最好的朋友、假男友，卻也是我最大的阻礙。總之，在差不多兩年後，我畫出了界限，告訴他，我沒辦法再曖昧下去，他最好快點想清楚。後來我們之間的溝通越來越少，他也在幾個月之內就找到新的女朋友。然而，他們一開始交往，就馬上昭告天下了。這真的感覺很糟。」

- **這類的人為何浪費時間**

對死路型的男生放手，幾乎就和「但是」型一樣困難；你們之間的化學反應或許美好得太不真實，讓你急切的想忽視各種刺眼的警訊，但現實不會因此改變。和他們在一起，代表的是選擇了永遠不會那麼圓滿如意的生活。換句話說，就是虛擲青春而已。

•脫身計畫

要和這類的人斷絕關係雖然很困難，但你還是要盡快出手，而且越快越好。你投入的時間和情感越多，就是浪費了越多珍貴的時間；而浪費的珍貴時間越多，你就會越焦慮。因此，你得快點脫身！先警告一聲，這類人通常很擅長玩弄人心，什麼都想要。他們習慣了毫無阻礙的隨心所欲。

他們或許會試著說服你留下，問你為何不能開放一點，接受現狀。不！要！心！動！因為顯然你無法接受現狀，因為你顯然受不了，所以才會開始讀這本幫助你解決關係焦慮的書。而我猜你最大的焦慮就是來自這類人。

愛上「死路」的跡象

- 你試著「活在當下」，因為想到未來就讓你噁心反胃。
- 你懷疑對方到底是真的不想交往，還是單純不想和你交往。

3在十八到三十四歲的女性間，這個比例甚至高達二六％

- 和朋友談到男友時，你會刻意隱瞞一些對方說過的話。
- 你持續欺騙自己，為對方說的話找藉口。
- 你持續尋找任何「跡象」來說服自己，你們想要的是一樣的。
- 你害怕對方的回答，所以避免談到特定的主題。
- 你因為自己的「身分定位」不斷陷入無解的迴圈。
- 你奢望他某天會回心轉意[4]。
- 你曾經告訴對方，你可以接受現狀。但你在說謊。
- 一直抱怨，朋友都受不了了。

真實的你	暈船中的尤妮思
「我喜歡他，但我們追求的似乎不一樣。雖然很難過，但也只能這樣。寧願一個人，也不要浪費珍貴的時間改變他。」	「是的，這個人很直接的告訴我不想和我交往。但為何不再花個5到10年，試著讓他改變心意？」

4. 凌晨三點的「睡了嗎？」群發訊息的玩咖

這應該不需要我來定義了吧？我相信大家都知道「玩咖」是什麼。這類糟糕的人似乎就是無法下定決心，喜歡遊走在眾多的候選名單之間；他們會在星期二的凌晨三點傳「睡了嗎？」的簡訊給你。讓我偷偷告訴你，萬一玩咖真的不幸從炮友變成了正牌男友，那麼他們的下一段變身就會是：劈腿男。

不知道為什麼，曾經有某段時期我只能吸引到玩咖型的人。有個男的時常邀我參加他家的派對，每次出席，我都會注意到他也邀了另外大概十二個女性聊天對象。

還有個男的在巴塞隆納的某個酒吧和我玩了整夜，我們甚至還一起浪漫的散步看日出。接著，在接吻之前，他說：「我希望妳不介意，但我其實有女朋

4 這是很常見的情況，YouGov 調查中，一七％女性曾經在交往中妥協屈服，希望對方的想法過了一段時間會改變。這個比例在十八到三十四歲的區間較高（二〇％），在三十五到五十四歲的區間甚至高達二三％。

友了。」

喔，老天！最後，還有個男的和我共乘計程車，從賓州車站搭到西村。他在車上搭訕我，然後我們開始互傳「訊息」——我在好幾個月中不斷收到約會邀請，但什麼也沒有真的發生——直到我們在某間酒吧巧遇。

我們互相調情，正開心之際，有個女生卻把我拉到一旁，告訴我那男的在過去一星期，每天晚上至少睡兩個女生，而且是出了名的「射後不理」。她之所以知道，是因為這發生在她的兩個好友身上。

• 這類的人為何浪費時間

我有個理論，就叫它「海莉・比柏」[5]效應吧。換句話說，**許多尤妮思都幻想自己可以改變惡名昭彰的玩咖男**（請想想小賈斯汀和賽琳娜〔Selena Gomez〕的戀情），讓他們成為「完美的丈夫」。

海莉的確成功了，但各位，她是僅有的特例。不要浪費時間奢望說服某人在眾多的選項中選擇你。你是最好的選擇，所以值得有個不需要太多猶豫就知道這一點的對象。

•脫身計畫

假如你沒有動真情，和對方在一起只是玩玩而已，那當然沒關係，好好玩吧！但是要注意安全，假如對方突然人間蒸發也別太意外。

然而，假如你對這個人出現了一絲一毫的情感，那麼還是腳底抹油快跑吧，否則會迎面撞上滿載著焦慮和鄉土劇情節的卡車。我個人是連解釋也不會試著給對方，因為**玩咖男通常最擅長花言巧語，能輕鬆騙你回心轉意**。就試著讓你們的關係自然淡化消失吧！假如對方反而更積極追求，那麼就直接告訴他，你們不會有結果，接著轉身離開。

愛上「玩咖」的跡象

•對方很少在晚上十點前找你。

---

5 譯按：Hailey Bieber 是演員史蒂芬・鮑德溫（Stephen Baldwin）的女兒，且是加拿大歌手小賈斯汀（Justin Bieber）的妻子。她和小賈斯汀曾於二〇一五年十二月至二〇一六年一月短暫交往，然後分手；接著於二〇一八年五月復合，同年七月訂婚，並於十一月對外宣布已婚。

- 你懷疑對方傳來的訊息，有八成會複製貼上傳給其他女生。
- 你在他的公寓中發現一些可疑的東西（例如別的女生的胸罩、垃圾桶裡來歷不明的保險套等）。
- 對方有很強烈的生理吸引力，可能是很性感或很會玩，或兩者皆是。
- 你的一、兩個朋友曾經和他搭上過。
- 在他邀請你參加的派對上，你曾看過他搭訕其他女生。
- 你曾經聽過關於他不太好的傳聞。
- 有不只一個人對你警告過他。
- 你注意到他通常都言行不一。
- 你選擇忽略上數每一點，因為你覺得或

真實的你	暈船中的尤妮思
「好噁心。為什麼我要浪費時間在某個沒辦法從一百個聊天對象中選擇我的人身上？他只是個三心二意的混蛋罷了。」	＊強忍住歇斯底里的啜泣＊「不，我可以完全接受。我是認真的。不要討厭玩咖，應該討厭的是遊戲本身！你們應該也聽過這句話吧？這是他的，呃……我們的座右銘！」

許自己能改變他。

5.花五分鐘解釋為什麼遲到，卻不願道歉——藉口製造機

定義：假如有個獎是「世界最不可靠的人」，那麼這類人一定當之無愧。**「藉口製造機」完全不會為自己的行為負責任**。對於所犯下的錯或造成的傷害，他們總能找到藉口說自己完全沒問題。

他們能找到藉口迴避所有的事件、活動或責任。你永遠無法從他們那得到任何解釋，而更重要的是，你也絕對得不到道歉。對了，有許多女性都有類似境遇：YouGov 調查顯示，二二％女性都曾經跟不願意負任何責任的對象交往過。

以下是一位住在倫敦的三十歲女性，珍娜（Jenna）的故事：「交往的前幾個月，我在聖誕節前夕訂了旅館，想招待他來趟小旅行。不過他只回了我一則訊息：『聽起來很棒，不過我那天晚上有約了。』但我後來發現，他其實根本沒事。」

同樣的情形在交往過程中還發生過好幾次。「我常常想要一起出去吃個飯，增添一些生活的情趣，不過他總是說：『聽起來很棒……但我可以在家裡煮給妳吃就好。』」他總是能找到很合理的藉口，解釋為什麼不能滿足你提出的要求——這就是標準的藉口製造機。

• 這類的人為何浪費時間

除了真的很煩人之外，藉口製造機最大的問題是，他們一點也不可靠。假如對方認為自己絕不可能犯錯，你們又怎麼可能建立起健康的關係？和他們對峙的感覺，大概就像反覆用自己的頭去撞磚牆吧。

• 脫身計畫

等待他們又想用爛理由搪塞你的時機；而假如他們真的是藉口製造機，你或許根本不用等太久。一旦他們找了藉口，當下揭穿，結束一切。

愛上「藉口製造機」的跡象

- 對方會花五分鐘解釋為什麼遲到，卻不願意道歉。

- 你會向朋友重述他的藉口。
- 你覺得一直被他敷衍（實際上也是）。
- 你做計畫時心情都很沉重，覺得對方一定會放你鴿子。
- 你好幾次抓到他撒謊。
- 你甚至懶得揭穿，因為你知道對方不可能會承認。
- 你會聽他抱怨好幾個小時，怪罪其他人害他的人生不順遂。
- 你聽著他說了無數個計畫（甚至是感情以外的），但他卻總是有理由不執行。
- 你向朋友轉述他的理由時會覺得愧疚，因為你知道這些都是屁話。
- 你不相信他。

暈船中的尤妮思	真實的你
「他太累了，沒辦法陪我參加我姊姊的婚禮預演？雖然我五個月前就約他了，但沒關係，真的沒關係。聽起來很合理，睡眠很重要！」	「這傢伙是認真的？他把我當白痴嗎？我絕不會相信這種屁話的。再見啦。」

6. 爛裁判型，從不把你放第一位

定義：爛裁判型的男生沒辦法做出正確判斷，不會把你放在第一位。別說第一位了，如果他們願意把你放在前五名，你就該謝天謝地了！該怎麼知道自己遇到這樣的人？你會願意丟下手邊的計畫去見他們，但他們卻連暫停看到一半的電視節目（而且還看得心不在焉）來接你的電話都不肯。

假如以上敘述正好符合你的情況，那麼你也不孤單：YouGov 調查發現，一九％女性曾經和不重視交往關係的男生交往過，這個數字在十八到三十四歲的女性間，更是提高到二四％。

我有個朋友的約會對象曾經直接的告訴她，他目前想把重心放在工作、家庭和朋友，而不是她身上。

- **這類的人為何浪費時間**

我並不覺得你應該成為某個人宇宙的中心，更別說是在交往的初期（可以參考「太多、太快」類型）。然而，你至少應該覺得自己是對方的前幾名，尤其在對方對你來說很重要的情況下。

對尤妮思這樣的人來說，「爛裁判」可以說是最棘手的類型。為什麼？因為他們直接碰觸了你內心最深層的不安。當他們把你歸在比較不重要的類別時，無疑是強化了你（不正確！）的信念：你沒資格排在前面。

• 脫身計畫

首先，你得結束這段有毒的關係，越快越好。不要只是坐在那裡等待，奢望某天你能晉升為他的第一名。假如你一直**覺得只有自己在努力重視這段關係，就應該立刻脫身**。

在這種情況下，我建議你給自己一點信心，直接告訴對方你要分手，因為你知道自己值得更好的。大聲說出來，把該說的話說了，你才能做該做的。我認為這是一石二鳥的辦法——你可以贏得對方和自己的尊重。

愛上「爛裁判」的跡象

- 你會為對方放棄自己的計畫，但他不願意為了你這麼做。
- 你害怕拜託對方做事，因為你知道他會拒絕。
- 你的家人和朋友都聽過關於他的一切，但他的親朋好友卻連你的名字都不太知道。
- 大概每傳十封訊息，你才會收到一則回覆。
- 你總是覺得自己得努力爭取他的關注。
- 當他休假的晚上沒別的事好做時，才想到會邀你出去。
- 你們待在一起時也只是做愛[6]而已。
- 你常常喝醉酒時傳訊息給他，然後因為他忽視你而大哭。
- 當他因為無聊而傳了「睡了嗎？」的訊息，你

暈船中的尤妮思	真實的你
「是的，我哭過好幾次，因為他讓我覺得自己比螞蟻還更微不足道。但這是我自己的選擇！我就喜歡這種類型的人！」	「我有更好的事要做，不需要追求這個顯然不在乎我的傢伙。」

已經在開往他家的計程車上了。

7. 擺脫釣魚者，不用有罪惡感

定義：有種人我稱為釣魚者，無論有意無意，他們知道如何持續引誘你上鉤。即使在分手幾個月後，釣魚者還是會找到方法回到你的生活中（或許是用IG的私人訊息傳了「我想你」），讓你再次落入他的陷阱。

我是個樂觀的人，因此我願意相信釣魚者之所以會這麼做，是因為在內心深處，他們就是想要討好人；他們沒辦法就這麼讓你恨他們，所以會定期檢查，確保你沒有心生怨懟。但這不代表你要接受他們的行為，並且委曲求全。

我有個朋友（這裡姑隱其名），可以說是一條巨大的鱸魚，因為她吸引了

6 編按：原文為"Netflix and chill"。這句話一開始並非性暗示，單指觀賞 Netflix 打發時間的行為，且通常是自己一個人；後來延伸為性行為的委婉說法。

難以數計的釣魚者。她的眾多前任都沒有真正離開：劈腿的高中男友每次在她準備放下時，就會以各種方式回到她的生命中；她最近期的約炮對象在一年前說還沒準備好交往，至今卻仍會傳發自肺腑的長篇訊息給她。

• 這類的人為何浪費時間

事實是，**假如這個人真的在乎你，就會讓你恨他**，因為他知道唯有那樣，你才能放手繼續前進。說到底，他們唯一在乎的人就是他們自己。他們之所以聯絡你，不是因為擔心你的狀況，甚至也不是真的想你，而只是為了安撫自己的良心。他們對於分手感到愧疚，因此自私的聯絡你，想確認你沒有在生他們的氣。

而這是樂觀的看法。最糟的可能性是，釣魚者只是個百分百的混蛋，故意把你留在身邊當備胎。無論哪一種，他們都很自私，只是浪費你的心理能量而已。如果某人搭上這種心理的雲霄飛車，她怎麼可能不變成尤妮思呢？

• 脫身計畫

所有的類型裡，釣魚者肯定是最難擺脫的。我喜歡把釣魚者想成人類型態的老鼠，一旦闖進你的家就會待下來，無論你試著驅逐多少次都沒用。是的，要完全擺脫他們或許很難，他們或許已經滲透你的生活，需要極端的手段才能加以排除。

該怎麼做就怎麼做吧！直白的說你無意再與他們對話（警告：他們會利用這點操弄你的罪惡感）、取消追蹤、封鎖他們，或是其他任何方法。但無論你做了什麼，都不要有罪惡感，因為他們從來都不尊重你的感受，只想做他們覺得對的事。現在輪到你做對的事了。

愛上「釣魚者」的跡象

- 你們認真談過無數次，卻一點結果也沒有。
- 你的朋友和家人太常聽你提起他。
- 你們曾經「結束交往」好幾次，卻都沒有真正結束。
- 當你覺得自己放下了，就會收到他的訊息。
- 你無法確定他到底是偷偷愛著你，還是一點也不在乎你。

- 你曾經把手機裡他的名字改成「別接」或類似稱呼。
- 你曾經好幾次封鎖他，又解除封鎖。
- 曾經因為他回覆你的動態，讓你的一整天的心情都忐忑不安。
- 曾經因為他沒有回覆你的動態，讓你的一整天的心情都忐忑不安。

8.收到「人形黑洞」的訊息，封鎖就好

定義：這類的人之所以稱為「人形黑洞」，是因為每次想和他們討論嚴肅的主題，感覺就像對著深淵吶喊一樣。當然，鬥嘴嬉鬧時或許很好玩，但假如想要認真對話，他們就會立刻門戶緊閉。YouGov 調查發現，二八%女性過去五年間曾經和不善溝通的對象交往，這個數字在十八到三十四歲的區間更提高到三八%。我們得中止這件事。

以下故事來自住在溫哥華，二十二歲的瑪莉亞（Mariah）：「這絕對是我的最後一段感情。每次只要我們意見不同，他就會戴上耳機神隱到遊戲世界，

完全不理我，不管我再怎麼努力想解決問題都沒用。有時候氣氛很糟，他會站起來離開（我們同居），可是他明明知道我以前被拋棄過，留下很深的陰影。」除此之外呢？瑪莉亞補充道：「他甚至說當我們試著討論比較深入的主題時，他『一點感覺也沒有』。」

•這類的人為何浪費時間

各位啊，我知道尤妮思狀態可能會影響我們的判斷力，但這類的人不管從哪個的角度來說都是場悲劇。最好的結果是什麼？你們雖然順利交往，但你卻永遠沒辦法討論自己真正的感受？我們都（但願）知道**良好關係的基石是溝通**，如果對方不知道該如何溝通，又怎麼可能建立健康的長遠關係？

喔對了，別再幻想自己某天能奇蹟似的讓對方

暈船中的尤妮思	真實的你
「我當然會回覆他『想你』的訊息！不回覆的話太沒禮貌了！」 ＊接下來一整天都努力說服自己，這次會不一樣＊	一收到訊息就按下「封鎖」鍵，繼續正常的過日子

敞開心房。對人形黑洞型的人，只要看他們表面的價值就好，不要光想像和他們戀愛，而該想想要如何與他們過一輩子，你就會懂了。

想像一下你們遇到家庭劇變，對方卻只會說：「我不喜歡討論心裡的感覺。」想像你試著坦白一件深深傷害了你的事，你交往五年多的伴侶卻只選擇離開現場，因為他們沒辦法面對這樣的對話。

•脫身計畫

當務之急就是完成上述的想像練習，**接受自己無法改變對方的事實**。立刻和這類的人分手，就等於閃避了未來的災難。假如你還有所遲疑，所以決定再給自己一點時間，那我先告訴你，最終，你還是會想和對方討論煩心或難過的事，而他一定會拒絕。

我希望能讓你不用親身經歷這種痛苦，但假如你一定要這樣，才能體悟到這類的人無法維持健康成熟的感情，那就這樣吧。

至於實際上該如何分手，一樣試著越簡單越好。他們不喜歡談論太嚴肅、重要的話題，所以說了也是對牛彈琴，省省麻煩吧。傳一封訊息、面對面直接說，或是人間蒸發都可以。無論你選擇哪種分手方法，都不要期待對方有太大的反應。

愛上「人形黑洞」的跡象

- 提起重要的主題時，你覺得異常緊張。
- 你試著討論感覺時，對方總是會拒絕。
- 你們很少談論任何有點深度的話題。
- 關於未來的計畫，對方從不明確的肯定或否定。
- 你不知道對方對任何事物的感受。
- 處理問題時，你都覺得自己像是對著深淵吶喊。
- 他可能連續好幾天都對你不聞不問。
- 你從來不清楚對方在做什麼。
- 你花了大量時間心力，試著請朋友幫忙猜測你們的互動代表什麼意義。

暈船中的尤妮思	真實的你
「假如我堅持得夠久，他一定會認真和我談心。」	「這完全在浪費我的時間，我不幹了。」

9.（夠）好（的）人——遇到更好的人就會甩了他

定義：你之所以會和（夠）好（的）人交往，只因為你在他們身上挑不出什麼毛病。他們沒問題，該做的都會做，也符合你心裡的條件。然而，他們絲毫不會令你感到興奮。相反的，你會希望隨著時間過去，你能漸漸對這個安全的選擇感到怦然心動。

你們還記得上一章的塔拉嗎？她的前夫就是個標準的（夠）好（的）人。

• 這類的人為何浪費時間

聽著，我知道這類的人有一定的吸引力。前面也提過，根據 YouGov 調查，三九%單身女性都害怕受到傷害，我曾經也是其中之一。

即便現在擁有健康良好的感情，我有時還是會害怕受傷。因此，我能理解為什麼經歷過幾段慘烈的感情後，你會寧願屈就於不那麼令你心動的對象。

你不應該讓受傷的恐懼，將你帶入一段不令你興奮的感情。但事實上，我也並不認為愛情一定都要像煙火那樣瞬間燦爛。

我的作家朋友薩菈・芭莉（Zara Barrie）常說：「真愛通常是『緩慢的燃燒』。」我同意這個說法。然而，你**選擇在一起的理由應該是「為什麼」而不是「為什麼不」**。你很棒，所以值得和真正令你興奮的人在一起。

・脫身計畫

這種情況要脫身可能比較困難，因為的確沒有什麼很大的問題。但即使如此，在你的內心深處，還是有個小小的聲音不斷告訴你，這種關係不是你要的。聽從那個聲音吧（假如你害怕孤單，請回頭看上一個章節），你會沒事的！甚至比沒事更好，你會很好的！

假如這不夠有說服力，那你也該為了和你交往的可憐人想想。他們值得和真正為他們感到興奮、幸福的人在一起，而不是像你這樣，還得積極說服自己維持關係的人。

請你盡可能的溫柔，因為對方真的沒做錯什麼事。誠心告訴他們，他們真的很棒，但他們值得比你更好的對象，然後你們都能繼續前進。

愛上「（夠）好（的）人」的跡象

- 收到他的簡訊時，你一點感覺也沒有。
- 最令你感到興奮的是他們的客觀（外在）條件。
- 你花很多時間懷念自己的前任。
- 你可以輕易想像少了他的人生。
- 你知道如果遇到更好的人，你會甩了他。
- 關於這個人，你只能想到幾個空泛的形容詞。
- 他們做的無害小事卻會令你不理性的厭煩。
- 你近期才受過傷害，而這個人令你感到相對安全。
- 當他對你好時，你卻有著說不出來的罪惡感。
- 你發現自己得時常說服自己你愛他。

暈船中的尤妮思	真實的你
「沒什麼理由要甩掉對方，就繼續交往吧。」	「我真的對他沒有任何強烈感覺，這就足以構成分手的理由了。」

10. 總是得到一堆不請自來的建議？在一起後只會更嚴重

定義：簡單來說，這類人就是自以為是的混帳。他們會不斷冷嘲熱諷、酸言酸語，用各種方式讓你覺得自己不夠好。

三十二歲的艾蓮（Elaine）住在洛杉磯，透過私人訊息告訴我關於她前男友的事：「他什麼都要批評，又表現的一副自視甚高的樣子。一開始你還會覺得他好像很聰明，後來才發現他其實很沒禮貌。我常常會心想：『等等，他在說什麼？』像是在一起不久後，我開始運動，減了幾磅的體重，然後他竟然說：『真棒啊，我終於可以雙手環抱妳了。』這實在不是讚美的話，而且他一直都可以環抱我啊！」

另一個例子：「我來自灣區，但現在住在南加州。不過交往時，我才剛搬到那幾年而已，所以常會用到手機的定位系統。他會說：『喔，如果沒有Google，妳就會迷路嗎？真可愛啊。』總之他就是不停的看輕我。」

•這類的人為何浪費時間

最終，這些言語刺激會讓你忍無可忍。而假如你們還沒有正式交往，我可以大膽推測**他只會越來越變本加厲**。你真的認為正式交往以後，他就會溫和一點？不，這類的人只會一點一滴，持續消磨你的自信心而已。你值得一個會重視你意見並且尊重你的對象，而不是個自以為是、持續打擊你的自大狂。

•脫身計畫

假如你真的很喜歡這個人，決心要試試看，那麼可以試著指出對方的表現令你不舒服，看看他們是否真的因此改變。我真心希望如此！事實上，他們真的有可能沒意識到自己的評論讓人難受。

但也有可能他們本來就是這樣的人。若是這樣，你就必須告訴他們，你值得更好的，你無法接受他們這樣說話。分手之後，就繼續前進吧。

愛上「輕蔑者」的跡象

•跟他在一起時，你總覺得自己很笨。

- 你不覺得他有認真聽你說話。
- 你總是覺得自己不夠好，配不上他。
- 你覺得自己像艾蓮一樣，常常會心想：「等等，他說什麼？」
- 你總是從他那邊得到不請自來的建議。
- 他曾經在許多場合自以為是的「指導」你。
- 因為不知道該怎麼反應，所以只好對他奇怪的評論乾笑。
- 你覺得自己像是他心中需要被拯救的公主。
- 你不會對家人朋友重述他說過的某些話，因為你知道這會惹怒他們。
- 你覺得和他在一起時，你不是最好的自己。

暈船中的尤妮思	真實的你
＊對方說了粗魯的話＊ 「他是對的，我糟透了。」	＊對方說了粗魯的話＊ 「嗯，我的人生才不需要這種負面的影響。再見了。」

就算沒有正式交往，你也需要經歷分手

第一手的觀察讓我了解到，說比做簡單太多。要對以上這些差勁的對象放手，有時候難得不可思議。有些人或許會卡在原地，看著人生的衛生棉好幾個月，甚至好幾年！要把他們從生命中完全切割絕不容易，但我要再次強調，他們只是在浪費你寶貴的時間。你必須讓他們離開。

然而，這不代表放手時，你不能覺得難過。假如你很難過，就給自己一點悲傷的時間。不需要因為不是「真正的感情」，就覺得自己不能對分手感到失落。我知道要切割沒有正式交往的男朋友是什麼感覺，糟透了，而且很痛。

第一次試著跟「很完美，但是」男友分手時，我隔天上班得請假，因為我哭到停不下來。除了排山倒海的難過襲來之外，我也覺得很羞愧。

我的尤妮思腦袋中充滿了不安全感：「他甚至不是我真正的男朋友，我怎麼可以因為還不是男朋友的人這麼難過？這實在太丟臉了。」

當然，我也開始懷疑自己的決定：或許再撐一下，我們的問題就會解決；

或許他覺得我提分手簡直是瘋了。我瘋了嗎？我看起來像神經病嗎？我正在為一個還不是男朋友的人哭泣……然後又回到原點了。

身為過來人，再加上看過許多朋友的經歷，我能給你的最好意見是：**把這看成真正的分手，不要覺得羞愧**，因為你和你真正在乎的人分開了，一定會痛。所以，好好難過吧！回到上一章，複習一下處理分手的訣竅。一陣子之後，就不會那麼痛了。不只如此，你會有所蛻變：一、變得更堅強。二、以自己為豪，因為你設法脫離了對你有害無益的感情。

我實在不想再提起馬桶的比喻……好吧，我在騙誰，我很想。想想通馬桶的實際過程吧！一點也不好玩，而且這麼噁心的勞動實在不該這麼費力氣。即便你成功疏通了，通常還有滿地的噁心穢物等著你清理。

真實的你

「我的情感是真實的，難過也沒關係，所以我會按照自己的步調來調適。」

暈船中的尤妮思

「我不能因為他哭泣！他甚至不是我的男朋友！」

但最終，你會把廁所整個洗刷乾淨，洗個澡，換上乾淨的衣服，然後，終於能大口呼吸清淨無臭的空氣，因為所有的髒亂都過去了。而最令人開心的是：你是靠自己的力量完成的。

暈船診療室

- 無論多麼痛苦，都該把浪費時間的人甩掉。
- 把你的大腦當成古早公寓的馬桶，不准沖衛生棉下去。
- 分手之後，花些時間難過，無論是一小時或一年都沒關係。

第四章

被拒絕，
未必真的被拒絕

提到「承認脆弱」的能力，我非常佩服我的好友，同時也是前同事愛莉希亞[1]。我單身時大部分都竭力避免遭受拒絕，而愛莉希亞恰恰相反，她總是敞開心胸擁抱拒絕。她告訴我：「我從來不害怕拒絕，也總是大膽魯莽的敞開心房。我總讓自己被徹底剖開，就像淌著血的新傷口一樣。」

是的，我知道「淌血的傷口」聽起來不怎麼吸引人，但愛莉希亞信誓旦旦的說這使她的人生更美好：「我之所以能累積許多交往的經驗，就是因為我從不害怕拒絕。」她解釋道：「因此，我能夠不斷去約會，更了解自己，也更知道自己想追求的是怎樣的伴侶。是啊，或許我會因此更容易受傷，但我並不害怕或困擾。我永遠不會害怕受傷害。」

我親眼見證好幾次愛莉希亞毫不保留的和無數男性交往。有時候，就像和現任男友的情況，她能順利得到愛情；其他時候，她會遭到無情拒絕。然而，就像漫威電影裡的超級英雄，她有著堅韌的心態，總是能重新站起來，準備好再全心坦誠面對下一個對象。

對於拒絕，我曾經有著深刻的恐懼，雖然如今已經進步許多，但有時還是會對愛莉希亞這樣的人感到一絲妒意。他們似乎有著內建的能力，可以無畏的一再敞開自己心房。

首先，從實際層面來看，他們能**省下大量時間**。只要一動心就能告訴對方你的感受，這多棒、多有效率啊！最糟的情況，對方說他沒有感覺，那麼你就可以省下幾個月、甚至幾年的時間，不用虛擲在對你無感的人身上。

第二點，更重要的是，像愛莉希亞這樣的人在回首自己過往情史時，**不會有任何後悔或揣想**。他們不會在半夜兩點時醒來，想著假如當時對高中的青梅竹馬告白，情況會如何發展。他們不怕已讀不回，勇敢的傳了訊息，人生也繼續前進，沒有半點後悔。

我的朋友泰莎（Tessa），今年二十七歲，住在舊金山。在談到拒絕的話題時，她也承認自己並不是一直都能勇敢的敞開心房。即便不是正式的戀愛關

---

1 沒錯，就是那個曾經看 Worldstar 追蹤前男友動向的愛莉希亞。看到了嗎？你可以同時當尤妮思，也當別人的榜樣。

係，她也很在乎別人對她的看法。

早知如此，何必裝酷？

泰莎解釋道：「我必須被喜歡，這是我個性的一部分。所以在談感情時，拒絕也像是在反映我這個人的一部分。若是被拒絕，就代表了我整個人不被別人喜歡。」

因此，就像是所有自尊心強烈的尤妮思，泰莎大部分的感情生活都會有所保留，不願意曝露自己的脆弱。她開玩笑說：「老兄，你得酷一點。」除了向心上人證明自己「很酷、超級酷」之外，泰莎說她也會假裝並不在乎那些自己懷抱強烈情感的對象，為的就是要壓抑自己：「我很害怕被拒絕，所以如果我一直在心裡告訴自己，我沒那麼在乎的話，就會覺得被拒絕也沒什麼大不了，因為我已經

暈船中的尤妮思	真實的你
＊星期二半夜兩點醒來＊ 「假如我當時選擇跟泰勒告白呢？我們現在有可能在一起嗎？」	＊星期二半夜兩點睡得很熟＊ （或是在夜店狂歡也可以，看你喜歡囉。）

心如止水……。」

最終，在奉行這種「裝酷」的策略幾年之後，泰莎發現自己到頭來一無所有，只留下了許多「假如當時……」的揣想。

「回想我大學的時候，都會故意裝得很酷，幾乎到讓人覺得我對感情沒興趣的地步。」她和我分享，並且提到大三、大四時搭上的某個男生：「我試著表現得很冷靜，反而讓他覺得我對他沒有意思，現在我很後悔，當時**如果坦白表達自己的感受就好了**。」

如今，回顧這段過去時，泰莎已經不太在意對方可能對她的感覺；她更關心的是，曝露出自己的脆弱可能會帶來怎樣的自我成長。「我想，我會學到更多在感情中該有的付出。」她這麼說，並且補充：「**因為防禦心太重，我反而沒辦法成長，也無法對感情有更深的了解**。」

諷刺的是，即便泰莎努力逃避拒絕，她還是不時被拒絕，但這不是她主動造成的。裝酷了幾年之後，泰莎大學的交往對象開始和其他女生出去約會，因為他以為她不會介意（你懂的，因為泰莎看起來很酷）。

然而，泰莎當然很介意。她如此解釋當時的想法：「你會開始想：『假如我的做法不同呢？』然後就會意識到自己其實應該怎麼做。而詭異的是，你甚至會認為：『他根本不知道我真正的模樣。假如我多展現自己一點，他就絕對不會拒絕我！』你會一直責怪自己，但比較健康的做法，其實應該是接受他的拒絕。」

如今，經過幾年的諮商治療後，泰莎知道這種「假如他真正了解我」的想法，其實是她在逃避拒絕帶來的悲傷。然而，這會讓她：一、依舊受到傷害。二、偏執的想著如果她展現真我，會發生什麼事。她現在知道，唯一繼續前進的方法，就是真正允許自己去「感受傷心」，然後重新出發。

雖然不是每個單身女性都像以前的我和泰莎那

真實的你	暈船中的尤妮思
「我真正喜歡的人不想和我在一起，糟透了，我會讓自己好好傷心，然後再努力繼續前進。」	「我的天，假如他看到我真正的樣子，就一定不會拒絕我！是啊，沒什麼，只是搞錯了而已。反正我也不是真的在乎他，哈哈。」

樣害怕被拒絕，但大部分的情況確實如此。YouGov 的調查發現，二九%單身女性把「遭到拒絕」的恐懼，列為在感情上造成焦慮的相關原因前三名。換句話說，幾乎有三分之一的單身女性不像愛莉希亞那樣，天生就有能力正面面對拒絕。

然而，不幸的是，**擁抱拒絕、不怕已讀不回，正是「脫離暈船」的關鍵**，能幫助我們放下關係的焦慮（相信大家應該看得出來，我希望大家所做的事伴隨著很高的被拒絕風險）。不要再浪費任何珍貴的時間，除非對方是那個對的人；而在這個過程中，我們就得剔除那些不是真心想和我們在一起的蠢蛋。

被拒絕當然不會讓人感到開心，被拒絕很痛，但痛苦的程度和我們的面對方式有著直接的關連。**如果我們越覺得拒絕是針對自己，就會越痛苦**。問題是，我們在感情中面對拒絕的反應，通常都是過度執著於自我。

因為從人性最根本的層面來看，我們都知道被拒絕最可怕的地方，並不是會失去那個拒絕我們的人。最可怕的地方是，拒絕可能會擊垮我們——某個人覺得我們毫無價值，而我們也相信他的評判。

二〇一五年一份史丹佛的研究發現，拒絕造成的情緒傷害在某些人身上可以持續好幾年，甚至影響他們未來的關係。這些人之所以會痛苦多年，並不是因為他們還依戀著拒絕他們的人；他們的**痛苦來自於無法擺脫「自己不夠好」的想法**。

被拒絕不丟臉，只是你們要的不一樣

「如果認為被拒絕代表你的某個核心本質不夠好，或者自己真正的樣子其實不受人喜愛，那麼你可能就比較難以復原，並且會在未來持續承受拒絕的陰影。」研究的負責人蘿倫．豪（Lauren C. Howe）如此解釋道。根據她的說法，這些人把戀愛的對象視為「關於自身訊息的來源」。本質上來說，史丹佛的研究發現，人們面對拒絕的方式分為兩種：

- 有些人認為自己的性格已經固定不變，因此會認為拒絕就代表他們的人格永遠有某種缺失，讓其他人沒辦法喜歡他們。

• 有些人認為自己的性格可以再成長改變，因此能從拒絕中走出來，不會把不安感帶入未來的關係中。

好消息是，研究中的第一種人是錯的。我們每個人的性格都可以成長和改變。就拿愛莉希亞當例子吧。她的確曾經把所有的拒絕都視為對自己的人身攻擊，但現在的她已經改變了面對的方式。

「如今，我已經有足夠的自信，知道被拒絕並不一定代表我有問題。」她說：「即便是我的問題，也不代表這個人有什麼不對勁。**這只代表我不是對方在找的人**。被拒絕並不是在說明我的價值，只反映了對方是誰，他需要的是什麼。」

就連前面提到的泰莎，也能隨著時間過去，改變自己的心態。事實上，她是被同一個人拒絕兩次之後，才接受

暈船中的尤妮思	真實的你
「他拒絕了我，就像所有其他人一樣。夠了，這證明了沒有人喜歡我。」	「這真的很痛啊。但我終究會恢復的。」

了被拒絕並不會減損她的自我價值。「在那幾年裡，我在自我成長方面做了很多功課。」她又笑著補充，因為她太努力了，所以室友都說現在的她是「治療後的泰莎」。

泰莎相信，諮商治療的過程給了她足夠的自信，終於能踏出裝酷的舒適圈，有生以來第一次曝露出自己脆弱的一面。泰莎如此形容她的諮商：「我學到自我的價值，了解到自己值得更好的。這個體悟也驅使我為了自己做得更好。」

泰莎為自己做得更好的其中一部分，也包含了脫離關係的煉獄——她有一位曾經是親密好友的炮友：「感覺就像是，我已經到了某個時間點，不應該再忍受曖昧的模糊不清，**我需要一個答案**。」因此，她問了對方，勇敢的傳了訊息（在這裡的「訊息」指的是現實中面對面的談話）。

某天晚上，他們一起出去，泰莎直接問他，彼此之間的關係算什麼？他的感覺又是如何？而對方告訴她，自己不想認真交往。

「我又走回過去的老路，不想相信他。」泰莎回憶道：「我當時就覺得：『他在撒謊。他只是還沒準備好談感情。』」順道一提，泰莎不是世界上唯一會這麼想的女生。就像我前面說過的，YouGov 的調查發現一七%女性曾經在感情交往中妥協，希望對方某天能有所改變。這個數字在十八到三十四歲的區間提升到二〇%，三十五到五十四歲的區間更達到二三%。

否定自己是最危險的惡性循環

表面上看來，泰莎是在說服自己她沒事，對方並不是真正的拒絕；但內心深處，她其實不斷的責怪自己，並且相信了勾搭文化的謊言：「承認自己想要正式的關係，就會自動失去吸引力。」

她說：「我一路往下想，就覺得：『他一定認為我是瘋了才會告白。』」而她補充說這樣的想法是「拒絕帶來最危險的惡性循環」。如今回過頭來，她看得更清楚了：「真的很奇怪，在那樣的情況下，你會覺得讓自己不正常了。但說到底，我做了什麼瘋狂的事嗎？我只是向某人坦承我對他的感覺罷了。」

為了不讓對方覺得她「瘋了」，或更重要的是，要改變對方不想要認真談感情的心態，泰莎和他的關係又維持了一年，甚至在他搬到美國的另一頭時，還保持了密切的聯絡（是的，她也不是世界上第一個這麼做的女性。我在第一章就說過，YouGov 調查中有一〇%的女性，都曾經在對方表明不想要認真交往後，依然持續和對方聯繫，且在十八到三十四歲的區間，這個數字提高到二三%）。

「我不斷相信他會改變心意，陷入了無限輪迴，常常會在深夜和他聊天講電話，到新的城市拜訪對方，諸如此類的事。」泰莎說。然而，當最後一次見到面時，她決定做出改變。再次與那個男生直球對決。

而在對方說自己還是不想認真談感情時，她終於決定接受他的拒絕。「**我可以花好幾個小時分析他拒絕的原因——因為我不想接受現實**。然而，為了繼續前進，我必須接受。」她說：「就是要相信我們之間不可能了。」

真實的你	暈船中的尤妮思
「讓自己接受曖昧不清的狀態，然後在某個似乎根本不在乎我的人面前裝沒事才奇怪吧。」	「老天啊，我永遠不會告訴他我的感覺。那樣也太奇怪了吧。」

她已經不會再用這段回憶折磨自己。「事實上，我不再放在心上了。」她說，並且感謝家人朋友的支持，讓她學習如何愛自己。「我想，當你更有自信和自尊以後，就能了解自己的價值，也就比較不會自怨自艾。我一生中最重要的體悟，就是你可以不讓別人的想法對你造成影響。」泰莎也因為這件朋友轉炮友的事設下了界限：

- 不斷提醒自己，就算對方決定不和她交往，也不會影響她的自我價值。
- 謹慎的讓對方以朋友的身分繼續留在她的生命中。

關於第二點：「現在，每次我們傳訊息時（我們最近常常聊天），我就會和自己有以下的對話：『假如他傷害我，不是因為他想要，而是因為我讓他這麼做。』你知道

暈船中的尤妮思

「假如我堅持夠久，就能夠說服他改變心意，願意和我交往。」

真實的你

「我值得更好的人，不需要努力說服這個人喜歡我。」

這會影響你，所以你可以決定要不要讓影響發生，影響的程度也取決於自己。」

不認為自己被拒絕後，又收到對方示好的訊息可以等閒視之？那也沒關係。不是每個人都像泰莎那樣，可以堅定的設下界線，連我也沒辦法。假如對方的名字每次出現在手機螢幕上，都會讓你陷入混亂的輪迴，那麼就幫自己一個忙，把他封鎖了吧！就算只是暫時封鎖也好。

好的，回到泰莎身上。現在她已經可以好好處理拒絕了，但我得特別澄清：這不代表她不會難過。「老天，我那時候大概哭了三天吧。」她這麼描述第二次的拒絕：「但我覺得不同的地方是，我的痛苦來自於失去——失去生命的一部分會讓你想要去尋找些什麼來填補，而這讓人難過。然而在他第二次告訴我，他並不想要進一步時，我的感覺卻有點像：『雖然這讓我難過，但我會沒事的，撐

真實的你	暈船中的尤妮思
＊被拒絕後又收到訊息＊ 「這不代表什麼。我的價值無論是否收到這封訊息都一樣珍貴。」	＊被拒絕後又收到訊息＊ 「天啊！他真的喜歡我！我不是沒人要的魯蛇！」

下去就對了。』」

無論你多麼有自信或自知之明，被人拒絕總是會使你陷入難受的負面思考漩渦。但是你可以決定要有所成長，或是自我毀滅。根據我的觀察，被拒絕所帶來的影響大概可以分成兩種：

- 可怕的惡性循環：我不夠好／沒有人會愛我／我瘋了／或許只要堅持夠久，他就會回心轉意……。
- 總是被低估的良性循環：我很難過／我覺得羞恥／我很生氣／但我不會讓這些定義我／我會變得更好……。

不要誤會，這兩種結果都不是爆炸性的毀滅。然而，惡性循環會讓我們無法復原，讓拒絕我們的人大幅影響我們的自我價值，使我們陷入尤妮思的狀態，不斷的自我厭

真實的你	暈船中的尤妮思
＊立刻封鎖對方＊	＊拒絕者的名字出現在手機上，於是心跳加速＊ 「啊！我一定要回覆！」

惡，害怕再被拒絕。

正面的迴圈雖然也會伴隨不好的感受，卻讓我們可以積極的提醒自己：「只有自己能評判自己的價值。我們不會躑躅不前，而可以從經驗中成長，並且追尋更健康的感情關係。」

當然，有太多人的想法受到社會環境影響，每次遭到拒絕都會自動墜入惡性循環。假如你也是這樣，那麼歡迎加入我們，你並不孤單！我很遺憾你的大腦在扯後腿，然而被拒絕就已經夠艱難了，不要再讓你的大腦火上加油。

為了幫助你脫離惡性循環，進入向上的迴圈，我將整理出五種最常見的拒絕類型。每種類型中，我都會描述惡性循環的狀況，以及良性循環的版本（但為了你自己好，請你一定要選擇良性的）。

情境一：被陌生人拒絕

狀況：你試著邀約陌生人，而對方拒絕了。

「那天我告訴朋友們，我覺得酒吧裡的某個男生很可愛，所以他們（不顧我的反對）去搭訕他，然後指著我的方向。」二十二歲的芝加哥女孩妮可（Nicole）說道：「他們走回來，告訴我：『他說他受寵若驚，但他有女朋友了。』我尷尬羞愧的轉過頭，看了他最後一眼，而他聳聳肩，接著用唇語對我說抱歉。」

惡性循環：

這男生說他有女朋友是不是在騙人？／他可能覺得我看起來很無趣，或是長得很醜，但是不想傷害我，所以沒有直接拒絕／或許他真的有女朋友，因為所有的好男人都有，所以我才每次都只能遇到混蛋／唉，我為什麼要白費工夫呢？我再也不要主

真實的你	暈船中的尤妮思
＊被陌生人拒絕一次＊ 「這個陌生人對我的看法不代表什麼。就算他不喜歡我，也不代表下一個人就不喜歡我。當下雖然尷尬，但明天就可以和朋友們一起拿這件事來笑笑了。」	＊被陌生人拒絕一次＊ 「夠了，這證明了沒有人會喜歡我。我再也不會主動出擊了。」

動出擊了……。

無論情況為何，惡性循環都會讓尤妮思們不斷在腦中重複播放被拒絕的回憶，並且以此為藉口作繭自縛。

當然，我們對拒絕的強烈反應往往和事件本身沒有太大的關係，而是來自積累多年的不安全感。我們和青梅竹馬沒有結果，去年搭上的那個人不想談感情，而現在又被陌生人拒絕。這簡直是雪上加霜。

良性循環：

我覺得很尷尬，但這沒關係／天啊，我的臉好紅／但尷尬會慢慢消失，我的臉色也會恢復正常／等不及明天要和朋友一起拿這件事來談笑了／就算這個人有女朋友，也不代表每個好男人都有女朋友／我還是很愛自己，而這才是最重要的……。

妮可被拒絕時，採取了良性循環的應對方式，承認被拒絕的當下很尷尬，但事後卻選擇一笑置之。她說：「回想起來，雖然還是稍微尷尬，但有趣的成分比較多。」羞恥感會讓我們覺得被孤立，而和朋友一起笑看，則會幫助我們轉向良性循環，提醒我們：

- 我們並不孤單。
- 這段經驗其實給了我們和朋友連結的契機。

情境二：被一個「基本上」是陌生人的對象拒絕

狀況：你和某個人第一次約會，或許在舞池認識，你覺得事情進行得很順利，但對方卻拒絕了你。

我的朋友柯特妮（Courtney）二十五歲，住在紐約，曾經歷過在ＩＧ上被拒絕的經驗。他們在某個派對上認識，並小聊了一段時間。「我和他在派對上一起玩，那天很開心，而一個星期後，我想在ＩＧ上追蹤他，因為我的朋友都認為對方迷上我了。」

柯特妮說：「我真的很喜歡他，但那個晚上我們又沒有交換電話號碼。」於是，她主動提出追蹤的要求，但事情卻不如預期。「他差不多一個月後才按下確認，而且也沒有回追蹤我。」她透過私訊告訴我這個故事，並且巧妙的加上一個翻白眼的表情符號。

惡性循環：

我提出追蹤要求是不是有點自討沒趣？／我很不會接吻嗎？／他是不是在ＩＧ上看到我的照片，立刻覺得我不是他的菜？／他會覺得我太隨便嗎？／他或許根本不記得我是誰／啊，我一定做錯了什麼／為什麼我還這麼沮喪？／我太可悲了……。

無論第一次（或是唯一一次）見面的情況如何，惡性循環中的尤妮思們一定會花好幾個小時反覆回憶，直到設法找到理由說明自己犯了什麼錯，才與對方失之交臂。接著，他們會花好幾年的時間執迷不悟，再也不敢主動出擊。

良性循環：

我覺得很受傷／事實上，我也有點生氣／我生氣是因為這個人認為我不值得追蹤／我生氣是因為我們明明共度了親密時刻，他卻一副事不關己／因此，我允許自己生氣難過一陣子／但是最終我會知道，這個人對我的評判是錯的／我知道我接吻技術很好／我知道對的人會看見我……。

暈船中的尤妮思

＊被「基本上」是陌生人的對象拒絕＊

「都是我不好！我做錯了！我是沒人要的魯蛇。」

真實的你

＊被「基本上」是陌生人的對象拒絕＊

「好的，我和那個人不適合。這個領悟有點痛，但最終，我知道這個人給了我自由，讓我可以找到真正欣賞我的人。」

無論我們是像柯特妮那樣，在接吻後被拒絕，或是第一次約會、一夜情後，我們都應該建立起新的思考模式，提醒自己：沒錯，即使認識的時間短暫，還是可以覺得沮喪、難過——我們失去的不只是那個人，也是未來可能的發展；我們當然可以因此難過。

然而，我們也必須提醒自己，這個人其實送了我們一個禮物：我們並沒有為了不確定自己感覺的人原地踏步，而是**得到了重新出發的自由**，可以去尋找一眼就看出我們美好之處的人。

情境三：被無意進一步發展的曖昧對象拒絕

狀況：你終於鼓起勇氣，想和曖昧對象把彼此的關係說清楚，卻被他給無情拒絕了。

在本書裡，已經有不少這樣的故事：潘妮洛普和她的前任、泰莎和拒絕她兩次的朋友、我和傑克。但讓我再給你一個例子。

二十五歲的泰勒（Taylor），和一個年紀比較大的男生曖昧了大概三年。對方說他「永遠不會」和小他十歲的人認真交往。「我以為自己可以好好處理，而我也一直告訴自己，反正我也不想和他在一起。」她笑著說：「我持續和他保持曖昧關係，我也記得自己時常在約會完後邊哭邊走回家。」如今，她已經可以幽默看待這段往事，甚至開玩笑道：「他可以把他的下體放進我的身體，但是，喔不，他不能和我交往！」

惡性循環：

我其實真的沒那麼喜歡他／不，他永遠不會和我交往，但誰在乎？／我覺得沒差／我他媽的不在乎！／或許如果我堅持久一點，他就會回心轉意和我交往／或許他在內心深處想和我交往，只是還沒意識到而已／年齡或許只是個理由，他只是想掩飾因為上一段感情受傷，所以不敢承諾／很顯然他喜歡我／他都和我上床了……。

如果陷入像泰勒這樣的惡性循環，我們或許可以替自己取個外號叫「埃及艷后」，因為我們即將成為「尼羅河女王」[2]。我們會讓自己身陷於悲慘的情境中，努力說服自己一切都很好，都在掌握中；然而，事實卻剛好完全相反。當然，不是每個人的情況都和泰勒如出一轍，不過在被曖昧對象拒絕之後，尤妮思的惡性循環基本上都是在欺騙自己：

- 我們最後能改變對方的想法。
- 我們其實沒有真的那麼在乎。

暈船中的尤妮思	真實的你
＊對方說不想要正式交往＊ 「喔，哈哈，沒關係啊。我可以接受。不，我沒哭，我只是過敏。我們沒事，我們很好。明天晚上見？好，酷喔，玩玩就好。」	＊對方說不想要正式交往＊ 「好的，很顯然我們追求的東西不同，所以無論現在的關係算什麼，都不應該繼續下去了。我知道這一定會很痛苦，但我寧願自己忍受痛苦，也不要焦慮的想方設法讓你愛上我。」

良性循環：

我得脫離這個情況／他說他不想談感情／我想要穩定交往／這些都是事實／我值得更好的／我一定會很難過／我會把這當成真正的分手，好好收拾心情／我或許會封鎖他一陣子／但或許終有一天，我再回想起這段經歷時，不會覺得心痛欲裂⋯⋯。

就像前面泰莎說的，要健康度過這種被拒絕的關鍵，第一步就是相信對方所說的、他們想要的，真的和我們的目標不同。這個過程一定會很難過，但沒關係，你一定要允許自己難過，且值得把這樣的感覺視為真實的分手。

我們可以抱著一大碗冰淇淋大哭，和朋友滔滔不絕的訴苦。唯有這樣，我們將來才有可能笑著看這段過往。就像我前面說的，笑可以幫助我們把羞恥和孤立的體驗，轉化成快樂的源頭，並且幫助我們與其他人連結。然而，我們不

2 譯按：作者在此利用了諧音，尼羅河女王 Queens of DA NILE 音近「否認（denial）女王」。

該用笑容來掩飾痛苦。盡情的感受，然後好好的哭吧！

情境四：被自己沒在認真的人拒絕

狀況：你雖然一直把這個人留在身邊，但目的只是轉移注意力、當做備胎，或是提昇自信心，但他卻突如其來的拒絕你。

「雖然我開始和這個人交往，但其實我心裡還放不下我的前任。」克莉絲塔（Christa），一個二十歲的波士頓女孩，和我分享她兩年前的經驗。「我的前任說想要見面，所以我甩了新的人，想和前任談談，但前任卻放我鴿子。於是，我試著想和這個我沒在認真的對象復合，但他卻說他很高興我提分手，因為他對我其實也沒感覺。」

惡性循環：

他竟敢跟我分手？／假如我連讓這個蠢蛋愛上我都辦不到，那我還可能贏得任何人的愛嗎？／或許我完全搞錯了／或許他就是那個對的人／或許我毀了絕無僅有的機會，他可能是唯一喜歡過我的人……。

無論細節如何，遭到備胎拒絕所帶來的惡性循環，都會讓我們懷疑起自己的價值。我們會質疑，自己是不是一開始就搞錯了？或許他當時真的是「對的人」？我們會懷疑，自己是否永遠無法再被愛？假如他覺得我不夠好，是不是其他人也都會這麼認為呢？

我們會納悶，自己怎麼能讓這個人離我們而去？如果我連他都得不到，還能再找到別人嗎？然而，我們都忽略了一個事實：**我們曾經對這個人一點感覺也沒有**。如今我們卻認為他是我們錯過的人，我們是傻傻放手的魯蛇，一點價值也沒有。

暈船中的尤妮思	真實的你
＊被備胎拒絕＊ 「如果連他都留不住，我還能留住誰？誰知道呢，或許我大錯特錯，或許他就是我命中注定的那個人。」	＊被備胎拒絕＊ 「哇，太好了，我不用主動提分手了。」

良性循環：

好吧，這的確有點傷自尊心／反正我從來也沒喜歡過這傢伙／他也不喜歡我／這結果很公平不是嗎？／我們都值得和真正為自己心動的人在一起／繼續把他留在身邊也沒意義／我不需要依賴他，也可以有足夠的自信心……。

重要的是，要記得無論具體的狀況如何，你都沒有喜歡過這個人。事實上，這可能是個很好的機會，讓你探討自己為何要把他留在身邊。你想利用他填補什麼空洞？該如何靠自己的力量來填補？更重要的是，假如你覺得有點沮喪，那就讓自己好好感受，可能的話，再好好笑一笑吧。克莉絲塔就是這麼做的，而她對整個情境都抱持著很務實的觀點。她說：「我覺得可惡，但同時，我也覺得自己活該，而且整個情況還蠻逗趣的。」

再次強調，關鍵在於好好體驗你的感受。而假如你能看見其中任何有趣、幽默的地方，就讓自己好好笑一笑吧。

情境五：被交往很久的對象拒絕

狀況：你們正在認真交往，對方卻冷不防的拒絕你。

「我知道我們對生小孩的想法不一樣（他想要快點有小孩，但我還搖擺不定）。我以為我們能夠取得共識，因為我們真的很愛彼此，除了小孩外也沒有其他意見不合的地方。」

二十九歲的珍妮（Jenny）告訴我：「在分手前幾個月，我們比較認真的討論了生小孩的問題；而我們的前題是繼續交往下去，不是該就此分開。不過我沒預料到的是，在某個時刻他突然覺得我們不會有結果，所以就提了分手。」接著，他很快就和另一個女生訂婚。

惡性循環：

他了解真正的我，而且覺得我不夠好／我一定有什麼很大的問題／難道我該再浪費好幾年的時間，只得到被拋棄的結果嗎？／假如他不愛我，沒人會愛我／我不值得被愛／痛苦永無止境／我會一輩子憂鬱孤單／我再也不會遇到別人／即使再遇到，我也不夠好……。

面對這樣的拒絕，覺得很受傷是正常的，但惡性循環會讓我們格外受到打擊，於是不斷深究自己到底出了什麼問題。最後，我們會相信自己永遠無法超脫如此沉痛的失敗，而這個拒絕也代表著我們從根本上就讓人無法喜歡。

良性循環：

這真的、真的很痛／我的心像是裂開了一樣／這種痛好像永遠不會消失／但我知道會好起來的／有時候，我忍不住會懷疑自己不夠好／但我知道這個結果是最好的／我們兩個都試著解決問題，但最後我們還是無法達成共識／這不代表我和下一個對象也會如此／這也不代表我和前任之間的感情不特別……。

這個情況一定會非常難過，但沒關係。你正在經歷很大的痛苦，不過重要的是，請記得這並不代表你的價值。是的，你或許會時常浮現自我懷疑的念頭，但在良性循環裡，你要主動的排除這些質疑，提醒自己，這次分手並不是你們任何一方的錯。

以珍妮的故事為例，她說：「我從未經歷過像那樣的分手。所以，我真的以為他就是不夠愛我，才沒辦法跟我找出解決方法。」即使如此，這樣的想法也只是偶爾浮現，因為她清楚知道在養育孩子的問題上，他們永遠不可能達成共識。「後來我明白，**這就只是我們選擇的人生道路不同**，如此而已。」

交友軟體能幫你克服恐懼

上面詳細列舉了五種情境，但假如這都不符合你

暈船中的尤妮思	真實的你
＊被交往很久的對象拋棄＊ 「他很了解我，然後覺得沒辦法再愛我。他是對的。」	＊被交往很久的對象拋棄＊ 「這真的很痛，或許還會痛很久。但這代表我們真的不適合彼此。」

的狀況怎麼辦？或許你太害怕被拒絕，完全不敢表現出真實的自己？那麼，我在這一章的結尾，強烈呼籲你踏出自己的感情舒適圈。

假如你一直已來都不敢告訴曖昧中的對象，你想要更進一步，從今以後請大膽的開口！假如你看完抬起頭，發現有個頗有魅力的人就在不遠處，請主動上前搭話吧！

如果這些對你來說都太可怕，那就從最簡單的一步開始：下載交友軟體。

住在紐約，三十一歲的茱麗亞（Julia）認為交友軟體幫助她克服了對拒絕的恐懼：「交友軟體上面有太多選擇了。」她說：「你可以同時跟很多人聊天，和其中一個人的話題結束了，但十秒鐘之內，你又會有十個新對象。」更具體來說，她說像 Bumble 這類的交友軟體會逼她主動出擊，讓她對於表現自我更有信心了。

暈船中的尤妮思	真實的你
「我害怕拒絕，所以要不計一切的逃避。」	「我害怕拒絕，所以要面對恐懼，加以克服。」

同樣的，泰莎也認為交友軟體幫助她提高了對拒絕的耐受度，讓她有勇氣對朋友（炮友）告白。「以前在交往時，我都會避免揭露自己真實的一面，因為我害怕自尊心和自我價值會受傷。我的不安全感本來就比較重，所以給別人機會威脅我的自尊，這樣的想法太可怕了。」

「因此，身為極度害怕被拒絕的人，交友軟體的幫助是心理層面的。當你充分練習，得到足夠的經驗後，就會覺得：『我做了這些那些，也沒有什麼壞事發生！』」交友軟體的好處就像泰莎所描述的一樣，我們可以累積經驗、度過拒絕，繼續好好生活。

交友軟體另一個很酷的地方，就是它們讓你有機會透過拒絕者的角度看事情。泰莎說，自從某次線上約會沒有接受對方，沒有回傳訊息後，她了解到**拒絕別人時，不一定真的是對他抱持著負面的看法。對方可能真的很棒，只是你沒有心動的感覺而已。**

「我拒絕這個人，不代表我覺得他不好，只是我不感興趣而已。」泰莎如此描述她的心態。很顯然，這證明了當你被拒絕時，拒絕你的人可能也是抱持這樣的想法。你沒什麼問題，只是他沒感覺而已。這也沒關係！

無論你喜不喜歡，拒絕都是人生的一部分。如果能擁抱拒絕，不只對於感情生活有幫助，你的整個人生都能因此受益。假如不願承擔拒絕的風險，又怎能得到你應得的美好人生呢？因此，幫自己一個忙，讓自己被拒絕吧！

暈船診療室

- 展現自己脆弱的一面。
- 別人說不想和你在一起時，請相信他。
- 擁抱痛苦，然後好好笑一笑。

第五章

任何想探查對方的想法，都請放棄吧！

大學畢業一年後的某天，朋友凱文（Kevin）給了我一個前所未有的好建議，無意間改變了我的人生。那時，我才剛搬到紐約幾個月，而且深深喜歡上保羅，就是那個「很完美，但是」男，還記得嗎？

前情提要一下：保羅和我在酒吧認識，他不住在紐約，而我們每天都會通電話。幾個月下來，我們每天傳簡訊互道早晚安，也花好幾個小時聊天說笑，還發現我們的成長背景出奇的相似。我們也設法安排行程，見了幾次面，但我們的「交往」主要都還是透過簡訊聯絡感情。

因此，當某天午餐時間沒有收到他的訊息時，我覺得自己的心情瞬間墜入谷底，進入了尤妮思狀態。我們之間的連結只有訊息啊！他現在連訊息都不傳了！和凱文一起走路去買午餐時，我已經陷入恐慌：我應該傳訊息給保羅嗎？還是要等他傳給我？假如我不傳，我們就不再聊天了怎麼辦？假如要傳，內容該說什麼？他不喜歡我了嗎？這是不是代表他不喜歡我了？

我在十五分鐘內反覆問凱文這些問題，而最後他這麼回答：「**為什麼你要浪費這麼多力氣，擔心一個可能再也不會跟你說話的人？**」喔，真有道理啊！

凱文在無意間給了我改變人生的建議，他的一句話有如當頭棒喝，而且應用的範圍遠不只是那天該不該傳訊息給保羅而已。

這個建議改變了我往後面對感情和交往的態度。我以前花了太多心力思考：假如我喜歡的人不可避免的做了某些事，證明他沒有那麼喜歡我，我該如何反應。我的大腦總是過度運作，不斷想著以下幾件事：

- 想知道我和喜歡的人之間的關係什麼時候會搞砸。
- 想出一些妙計，阻止毀滅發生。
- 確保在徒勞的努力後，我已經「準備好」面對毀滅。

但凱文隨口說出的一句話，讓我接受了迴避已久的想法：**或許最糟的情況也沒有我想像得那麼嚴重**。我的意思是，假如他真的永遠不回我的訊息，那就代表他打從一開始就不值得我花時間，不是嗎？

相信到現在你已經發現，帶著自信談戀愛對我來說不容易。然而，只要一出現類似尤妮思的感覺，我就會阻止自己，並問自己：假如我知道他真的喜歡我，我還會這麼擔心嗎？答案總是否定的。

假如知道他喜歡我，幾個小時沒有回應，不會令我擔心；假如知道他喜歡我，我不會擔心他誤解了我前一晚說的某句話。

當然，假如他真的值得我花時間，他一定喜歡我。**與其精疲力竭的尋找對方不喜歡我的蛛絲馬跡，還不如放心的相信對的人就會留下來，不對的人則會自然被淘汰。**

對許多人來說，問題就像我們在第二章中提到的：**人們總是太在意其他人對自己的看法，卻不願意花幾秒鐘去想想自己的感覺**。因此，在這一章繼續下去之前，先花個幾秒鐘為自己把把脈吧！在為某個人心跳加速之前，試著問問自己：你真的喜歡他嗎？更精確來說，我希望你坦誠

暈船中的尤妮思	真實的你
＊怦然心動＊ 「老天爺，求求你讓他也喜歡我。」	＊怦然心動＊ 「如果他是對的人，他就會喜歡我。」

的回答下面幾個問題：

- 你待在對方身邊時，會有無法克制的微笑嗎？
- 他是否為你的人生帶來了獨一無二、無可取代的事物？
- 比起其他人對你示愛，他的表現是否更令你怦然心動？

假如有任何一題的答案是「否」，或許你根本沒那麼喜歡這個人。那麼，為什麼要因為他而受傷呢？的確，每個人都想要被愛，都渴望陪伴，而這個人或許是我們得到愛與陪伴的機會。

想要被肯定是人的天性，但是要記得，雖然過程中自尊心會受傷，與不是真正喜歡的人分手還是比較好。假如這個人真的拒絕你，其實是給你自由，讓你去尋找可以真正給你快樂的人。

相反的，假如他還沒拒絕你，而你已經知道自己沒感覺了，那麼就主動拒絕他吧。不要浪費時間去追求你不感興趣的對象，這對你們雙方都不公平。

該說的說完了，接著來談談如果你真的很喜歡對方，又該怎麼進行吧。有太多人會浪費時間，過度執著於對方不喜歡你的跡象。而這會帶來什麼影響？通常只會讓我們：

- 得不到任何真實的訊息。
- 整個交往的過程都極度緊張沮喪。

只要有心，任何事都能解讀成他不愛你

為了你自己的心理健康，不要浪費寶貴的力氣，玩所謂的「他愛我／他不愛我」遊戲。**幾乎所有尤妮思的表現，都源自「害怕喜歡的人不喜歡我們」**。所以在心動以後，就會集中所有的心力想弄清楚對方是否懷抱同樣的感受。

二十一歲的漢娜（Hannah）就是個典型的例子：「我會『頻繁』的檢視心儀對象的 Venmo 支付帳戶。有幾次我找到一些線索，讓我知道他們有沒有在跟

其他人來往。這可以在我決定告白之前，先弄清楚對方有沒有意思。」然而，她的這些調查總會直接影響她的心情。「假如看到一些可疑的活動，我就會很焦慮。假如什麼都沒發現，我才會稍微覺得好一點。」

我完全可以理解漢娜的意思，因為我以前也時常和她一樣。你很可能也心有戚戚焉，畢竟根據YouGov的調查，一九％女性認為交往焦慮的前三名之一，就是不清楚她們在伴侶心中的定位，而這個數字在十八到三十四歲的區間，更提高到二三％。不清楚交往對象對自己的感覺，肯定會令人抓狂；因此，我們會試著尋找各種情報線索，想撫平自己的焦慮。

然而，假如我們放棄業餘的偵探工作，試著改變自己的想法，對抗關於未知的恐懼呢？換句話說，下次覺得非得在ＩＧ上搜尋對方的名字、揣測對方為何已讀不回時，不妨提醒自己：值得的交往對象會珍惜你的想法，而其他人一點也不重要。讓我再冒昧的問一下：「你為什麼要浪費力氣去追蹤不重要的人呢？」

對於大部分人玩的「他愛我／他不愛我」遊戲，我覺得最大的問題是，我們並不一定是在找尋對方喜歡我們的跡象。舉例來說，我在第一章就提過，

YouGov 調查顯示，有**三〇％的女性在社群網站上尋找的是交往對象撒謊或有所隱瞞的證據**。對這些人來說，她們是在試著做好「心理準備」，面對自己總有一天會被傷害的可能性；然而，這麼做只會提早受傷而已。

說到這，就不得不提「負向認知偏誤」（negativity bias）了。沒聽過這個詞嗎？在聽了愛爾蘭心理學家裘蒂・羅傑思（Jodie Rogers）的 TEDx 演講之前，我也沒聽過。

在演講中，裘蒂說大部分人類都有負向認知偏誤，意思是「**我們天生比較容易注意到生命中負面的情況**，而不是

暈船中的尤妮思	真實的你
＊兩個小時沒收到他的回覆＊ 「或許我該看看他的 IG 是不是在線上——是的，他在線上。我受夠了，他故意不理我。我要分手。」 ＊播放愛黛兒的音樂，把燈全部關掉＊	＊兩個小時沒收到他的回覆＊ 「或許我該看看他的 IG ——不！我不會再陷入這種輪迴。假如他喜歡我，我就會收到他的訊息；假如他不喜歡，那他就不重要，不需要再多花力氣。」

正面美好的事物」。這在我們人生的很多方面都是如此，例如當老闆召見時，我們腦中會閃過上千個讓他想開除我們的理由；當心儀的人在初次約會後不再聯絡，我們會思考上千個自己可能搞砸的細節。

根據裘蒂的說法，負向認知偏誤是人類演化出的調適方式。身為人類，我們的大腦天生就聚焦在負面的事物，因為在遙遠的過去，我們得隨時高度警戒虎視眈眈的掠食者，而不是路邊生長的美味莓果。數千年後的今天，我們大腦為了生存，仍本能的高度專注在負面的事物上。

某種程度上，負向認知偏誤對我們仍有好處。如今的世界仍然無法避免生死交關的情境，我們也最好能及時注意到。然而，大部分的時候，我們的愛情並未落入「生死交關」的範疇。

無論大腦如何說服我們，心上人的已讀不回、約會對象的拒絕，或是其他談戀愛時雞毛蒜皮的小事，都不會危及我們的生命。換句話說，在談戀愛這方面，我們要訓練自己的大腦，該注意的是路邊的莓果！

無論你最後是否和約會對象長久發展，「不怕已讀不回」的心態都將幫助你確保在一起的時間更快樂。假如你花了六個月時間和某人隨便玩玩，目標就是讓你在六個月中都快樂平靜。至少，這個人不應該為你的生活帶來任何額外的壓力。

你的人生很珍貴，不應該只因為喜歡某人，就給他影響你心情起伏的權力。而**把人生搞得一蹋糊塗的最快方法，就是選擇去尋找你愛的人不愛你的跡象**。因為坦白說，如果想找這樣的跡象，**任何事情都能被你腦補成證據**。

我要再重複無數次：這本書不是教你如何找到對象。但前面這兩種人中，誰比較有可能有好的結果？曾經當過尤妮思的人大概都知道結局會如何：她會陷入混亂，因為覺

真實的你	暈船中的尤妮思
＊收到暗戀對象打招呼的訊息：「嗨。」＊ ＊很開心喜歡的人傳訊息來＊	＊收到暗戀對象打招呼的訊息：「嗨。」＊ 「我的天，他甚至連想話題都懶。他一定很討厭我。是的，雖然他主動發起對話，但很顯然不想繼續聊下去，一定是因為他不喜歡我。」

得對方沒興趣，而沒辦法在心上人面前展現真實的自我。接著，感情畫下句點，但她卻沒辦法確定是因為對方真的不喜歡自己，還是她自己這麼以為，所以表現得很不自然。

另一方面，這本書則是讓你真正放手一試。你能清楚看到對方真的喜歡你的跡象，因此在他們身邊時感到更安心也更有自信。你們或許能有情人終成眷屬，而且不會有戲劇化的高潮迭起；即便沒辦法開花結果，你在回首時也能欣慰的了解：

- 對方已經認識真正的你，你對自己的行動沒有後悔。就像在第二章寫到的：你們只是不來電而已。
- 你很享受彼此相處的時光，而且你沒有讓自己深陷愁雲慘霧。

當然，這條道路說比做容易太多。我們的大腦總是傾向朝尤妮思路線發展，如果想改變這數個世紀來深植的迴路，恐怕得花許多心力。

因此，如果又發覺自己困在雙輸的「他愛我／他不愛我」遊戲，就回頭看看這一章。以下，我將列出這種遊戲的幾個不同版本，讀完之後就下定決心金盆洗手吧！

為什麼他今天都還沒看我的限時動態？

這應該算是經典款吧！你會在社群網站上尋尋覓覓，想要找到任何可以證明對方喜歡或討厭你的證據。不要假裝你不曾這麼做過。YouGov 調查顯示，六六％女性都曾經因為某些理由在社群網站上搜索她們的心上人。更精確來說，二七％女性表示，她們在剛開始交往時，都曾經在對方的個人檔案和發文中尋求「證據」。

「我的對象和我在ＩＧ上互相追蹤，當我檢視誰看過我的限時動態時，他的名字總是出現在前幾個。」二十二歲的芝加哥女孩妮可，也就是上一章自我解嘲被「有婦之夫」拒絕的例子，和我分享她的經歷。「我的大腦會自動解讀為：『老天啊，這代表他很常看我的限時動態嗎？一定是這樣。不，等等……還是這代表我常常看他的個人檔案？或者只是因為他最近才追蹤我？』至今，我還是不知道答案。」

你想這麼做的理由

- 看看對方是否有登入社群網站，因為對方沒有回覆你的訊息。
- 看看對方是否看了你的限時動態。
- 看看對方是否幫你最新的貼文按讚。
- 看看對方是否和前任保持聯繫。
- 看看對方是否追蹤什麼「可疑」的對象。

事實上你不該這麼做的理由

- 在社群網站上得到的訊息，都無法提供你任何真正的答案（想想第一章潘妮洛普的故事）。

•我們都很清楚，一旦開始就不可能速戰速決。當你只想「稍微」看一下對方的頁面，就會陷入三個小時的瘋狂搜查，最終甚至來到對方母親的好友頁面。

•假如你真的找到對方不喜歡你的證據，那麼恭喜你，你費盡千辛萬苦讓自己心碎了（當然，等對方再傳一則訊息來，你就會把這些忘得一乾二淨）。

•你會挖出太多不相干的個人資訊，這會讓你下次再碰到他時，覺得既毛骨悚然又不安。

•最好的狀況是，你會發現小小的希望，覺得對方可能真的喜歡你。或許他們看了你的限時動態，或許他們幫你的照片按

暈船中的尤妮思	真實的你
＊他連續24小時都無聲無息＊ 「讓我稍微看一下 IG，看看他有沒有上線。」 ＊6小時之後＊ 「哇！真不敢相信他媽媽最好的朋友蘇珊還在幫前夫的孩子付房租。」	＊他連續24小時都無聲無息＊ 「是時候來看看《絕命毒師》（*Breaking Bad*）了！」 ＊6小時之後＊ 「太精采了，下一集！」

讚！然而，這些正面的跡象往往和負面的一樣模稜兩可。我的意思是，想想看你有多常在ＩＧ上心不在焉的幫別人的照片按愛心呢？

你應該怎麼做？

請刪掉手機上的社群網站，找別的東西讓自己分心，例如在 Netflix 上瘋狂追劇、讀一本書，或是和老媽視訊一下。說到老媽，如果你真的想在社群網站上追蹤別人，就追蹤她吧。換句話說，播放一些舒服的音樂，讓自己冷靜下來，看看真正愛你的人的貼文吧，例如你老媽或是最好的朋友。

「你是我最好的異性朋友」，這是什麼意思？

你是否常常和好朋友們一起坐下來，分析你蒐集的每個線索，討論心上人對你的感覺？這也很常見，在 YouGov 調查中，就有二四％單身女性曾經對朋友描述她們和心上人的互動，想知道對方是不是喜歡她們。有一九％單身女性甚至表示，他們不只和一個朋友這麼做過[1]。

我自己超級愛玩比手畫腳，然而，我對比手畫腳的熱情可以說遠遠比不上我曾經喜歡「和閨密分析我們的每個互動」的程度。假如我和童年摯友安妮（Annie），把打電話分析暗戀對象行為的所有時間都拿來讀書，我們現在大概都能有哈佛文憑吧。

這個遊戲大概是這樣進行：安妮會鉅細靡遺的對我描述她暗戀對象當天說的某句話，通常是很簡單的「你是我最好的女生朋友」之類的。接著，我們會花幾個小時討論這是什麼意思：他是說妳只是普通朋友嗎？他愛上妳了嗎？他的意思是「女朋友」還是「女生朋友」？所以他還有其他的女生朋友囉？說真的，他就是個渣男而已。但這不就是妳喜歡的地方？喜歡他壞壞的一面？但倒也不是說他真的罪不可赦啦，而且他這麼坦白……。有時候，我們實在討論得太激動，必須掛掉電話，開車到對方家裡來場面對面的緊急會議。

你想這麼做的理由

・你的大腦在無限輪迴打結，所以想得到旁人的建議（因為你覺得這是「理性」的表現）。

・想從朋友那裡得到信心。他們或許會說：他當然喜歡你！或是想從不同的朋友那裡看清現實：他真的沒那麼喜歡你。

・更深入了解你心上人的心理狀態。

・判斷自己是否做了什麼令對方厭惡的事。

事實上你不該這麼做的理由

・唯一能幫助你了解心上人感受的人……就是他自己！你朋友的判斷不會比你自己胡思亂想更好。

・假如你們開花結果，你對朋友說過的各種跡象，可能會造成反效果。舉

1 在十八歲的女性和三十四歲的女性間，這個數字分別提升到三四％和二八％。

例來說，妮娜很後悔她在正式交往前為現任男友所塑造的第一印象。「真的很糟，因為他是個很好的人，而且沒有做錯什麼，但我的朋友們只知道我曾經為了他痛苦哭泣。」她解釋道：「對她們來說，他好像真的傷害過我，不過實際上我哭的原因，只是害怕他不喜歡我而已。」

• 假如你的朋友們認為對方不喜歡你，你只是在浪費時間，但你卻持續和對方往來，那麼只會讓情況更加尷尬而已。

• 無論你和朋友冗長討論後的結論是什麼，都會影響你下次和對方見面的表現。

• 花幾個小時和朋友們分析這些（通常沒有意義的）跡象，只會讓你更鑽牛角尖。

暈船中的尤妮思	真實的你
＊和閨密談心＊ 「他說他『不想談感情』，那是什麼意思？他真的不想要嗎？或這只是他不喜歡我的藉口？你覺得這是因為他父母離婚嗎？這好像真的傷他很深。你覺得呢？」	＊和閨密談心＊ 「他告訴我，他現在不想談感情。我真的很失落，因為我想和他交往。我知道他工作很忙，但被這樣拒絕，我還是覺得很受傷。」

你應該怎麼做？

我完全贊成你把心裡的想法都說出來，所以盡情對朋友傾吐吧。告訴他們你的感覺，讓他們知道你們的最新發展。但記得幾個重點：

- 注意你為對方所塑造的形象，記得好的和壞的都要提到。
- 別把朋友當成一窺對方內心的窗口。

他這樣做，到底有沒有喜歡我？

對大部分的尤妮思來說，開始這種遊戲可說是身不由己。當我們心動之後，腦中就會不斷自動播放與對方的互動。很顯然，我們會過度鑽牛角尖，不停思考自己哪個步驟做得不對。

一位匿名的二十四歲女生對我坦承，為了搞清楚心上人「真正的想法」，她某次甚至做了可能違法的事。「我認為那是違法的，但我偷偷在約會時錄音了四十分鐘，因為我想知道自己的反應，以及對方對一些問題的答案。」她如此承認道。

你想這麼做的理由

- 釐清自己哪裡做錯，下次不再犯同樣的錯。
- 讓自己注意到一些（完全不重要的）重點，好說服自己，對方真的不喜歡你。
- 反覆拿令自己尷尬的事來懲罰自己。
- 不斷累積對方不喜歡你的線索來折磨自己。
- 讓自己不抱任何期望——在事情真的不妙時，才不會太失望。

事實上你不該這麼做的理由

- 這只是心理折磨。

- 你會因此失眠。
- 你會因此無法專心工作、和朋友相處，生活的其他部分也都會深受影響。
- 人類的記憶並不總是準確，所以你不斷回憶的場景未必是真的。
- 你會把自己逼瘋，甚至影響你們未來的交往和發展。

你應該怎麼做？

要從這種遊戲中脫身並不容易。有時，在我們的大腦產生情愫後，就會無法抗拒的被吸入黑洞中；因此，與其驅逐這些想法，不如試著把它們寫下來。透過書寫，你可以將這些有毒的想法從大腦中釋放，然後再把那張寫完的紙丟掉吧。

真實的你	暈船中的尤妮思
「我覺得我糟透了，但理性來說，我知道這不是真的。因此我會把瘋狂的想法寫下來，然後扔掉，再逼自己寫下比較快樂的新念頭。」	「我糟透了，糟透了！讓我好好想想對方不喜歡我的理由，直到天荒地老。」

一旦把紙扔了，試著轉個念頭，讓自己寫下一些對方喜歡你的證明，或是記下你做對了的部分。把這張紙保留著，如果哪天又失足了，就拿出來看看。

假如你強烈的想要知道對方的想法，到了無法自拔的地步，那麼就「別害怕已讀不回」，直接傳訊息問問，放自己自由吧。告訴他你的感受，問他你們之間的關係算什麼（第七章會再討論）。**對方是唯一能幫助你了解他的想法的人。無論你嘗試了什麼其他的調查方式，都只會引起焦慮、浪費時間而已。**

暈船診療室

- 無論你想做什麼來探查對方的想法，請都放棄吧。
- 試著找尋對方喜歡你的跡象。
- 壓抑不住好奇心時，就直接詢問對方的想法！

第六章

當別人都在耍心機，你更應該做自己

某個星期五下午兩點，理論上你應該在認真工作，但當時你沒辦法做任何事，因為你不斷想著兩天前美好的初次約會，而對方卻一直沒有再聯絡你。

無論什麼原因，你忽視了我上個章節（還有前幾章節）的建議，耗費許多心力思索對方消失的各種理由（你是否說了什麼奇怪的話？你穿的衣服不夠好看嗎？他是不是被公車撞了？）。

當你陷入無限輪迴時，對方剛好傳來了一則訊息：「嗨，星期三真的很開心。再一起出去吧？」你欣喜若狂，很想跳到辦公桌上跳舞。接著你花了三十秒盯著訊息，試著壓抑臉上快裂開的笑容，並且興奮的截圖下來，傳給你的好朋友們。

現在，你準備開工了——我並不是指辦公室的工作，而是準備寫一封訊息回覆；接著你打開手機的記事本功能，並在以下三個版本間猶豫：

「嗨，我也很開心。你下星期四有空嗎？」

「嗨，我下星期有點忙，或許下下星期要一起出來玩？」

「嗨嗨～收到訊息很開心！我朋友明天要開派對，你會想來嗎？」

最後，你把三種版本都傳給朋友看，經過一番辯論後，由版本一勝出。然而，你當然不會立刻就回傳訊息，因為距離收到訊息才過十五分鐘而已！你得裝得酷一點。因此，你只是把版本一複製下來，接下來大半天都在倒數計時，等「符合社會觀感」的時間到了再回傳。

然而，讓我給你一記現實的耳光：你非常有效率的浪費了一整天的時間，只為了玩「他愛我／他不愛我」的遊戲，而且很可能還會再虛擲好幾天的光陰，直到你們之間的情愫消失，或是你們正式在一起。

普遍人都認為，我們得靠各種手段才能拐騙別人愛上我們。上一章主要討論的是揣測對方心意的「他愛我／他不愛我」遊戲；而這一章要說的是「欲擒故縱」遊戲，也就是為了讓對方喜歡我們，而必須通過的重重關卡。

我們從小就學會：「酷一點！讓對方吃醋！假裝喜歡他們的興趣！別無理取鬧！別那麼戲劇化！但同時，也不能太無聊！」這些想法根深蒂固，使我們相信，要贏得對方的心就必須採取特定的手段；而某種程度上來說，**我們都在遵循這些不成文的規定。**

欲擒故縱，只會擒到焦慮，放走真心

「我真心認為，如果你說你從來不玩『欲擒故縱』，那你肯定是在撒謊！你或許不會故意吊對方胃口，不回對方訊息，但是絕對不會有人在第一次約會時素顏，或是不刷牙，然後說那是自己真正的樣子。」一位住在芝加哥的朋友安柏（Amber），這麼和我分享。

「這就像是面試工作時告訴老闆：『在家工作時，我有時候只會碰一下滑鼠，假裝自己在線上，其實卻是在看影片。』某方面來說，你是在控制讓對方認識你不同面向的速度，這也算遊戲的一環。重點就是時機，我認識的每個女生都一定會同意，不能表現得太強勢、初次約會不能談前任等。而我覺得，這些都是『欲擒故縱』的一部分。」

當我開始為這一章做功課時，許多受訪者都和安柏抱持同樣的立場，而我也很認同。某種程度來說，大部分的人的確都會玩「那個遊戲」（欲擒故縱、耍心機），而這也未必是壞事！

假如你把「遊戲」當成大方向或建議，而不是必須終生奉行的法則，那麼遊戲本身甚至有可能帶來甜美的回憶。試著在第一次約會穿上你最喜歡的衣服，或許再吃一顆口氣清新的薄荷糖吧！這證明你夠喜歡、在意對方，願意付出些心力。

更甚者，交往初期對某些事有所保留，其實可以保護你的心理安全。舉例來說，有些人在第一次約會時，可能就會覺得自己愛上對方了，但這**只是錯覺**。我是認真的！

二〇一九年四月時，我為《柯夢波丹》寫了一篇文章〈一見鍾情真的存在嗎？專家戳破你的錯覺〉（*Is Love at First Sight Even Real? Experts Say Probably Not*）。嗯，標題說得夠清楚了。根據心理學家的說法，一見鍾情並不存在；你可能有很棒的第一印象，然後漸漸墜入愛河，但是第一瞬間的感覺只是化學作用，而不是愛，很抱歉。

因此，假如「那個遊戲」驅使你在告白之前，先花足夠的時間確認自己的感覺，那很棒！我支持你。我也認為提前做些準備可以提醒你，我們應該專注在自己的人生，而不是立刻為了對方拋下一切。

然而，如果這種準備從「好棒，我要為了初次約會好好打扮！」變成「我得盡力壓抑所有的衝動，因為做自己顯然沒辦法讓我找到愛情」，那麼問題就大了。請好好想想這一章的例子。

我可以大膽假設，每個人或多或少都經歷過心情像是坐雲霄飛車的日子。但我們不需要重蹈覆轍。以下的兩個方法，可以幫助我們跳

暈船中的尤妮思	真實的你
＊收到心上人的訊息＊ ＊像順利達陣那樣狂歡，並在記事本中寫下各種不同版本的答覆，和朋友們討論一番，接著設定鬧鐘提醒自己4個小時後再回傳（不過期間還是會一直盯著時鐘）＊	＊收到心上人的訊息＊ ＊很快的寫下想說的話，傳出訊息，然後繼續過日子＊

脫類似的情境，讓生活更容易：

- **主動傳訊息**：當然，如果你不想就別這麼做。但如果你是個直接的人，很想傳訊息，那就忘了所有愚蠢的守則，主動傳訊息吧！如此一來，你就少了整整兩天的壓力和折磨，不用揣測對方到底會不會聯絡。而無論對方有沒有意思，你都可以得到答案。我可以保證，這個**答案並不會因為你是否主動傳訊息而有所改變**。
- **準備好就回覆**：假如你等待的原因，只是因為覺得自己該這麼做，那麼請暫停一下，提醒自己這樣有多愚蠢。或許你覺得馬上回訊息太瘋狂了，但為何不寫下自己想寫的，準備好就傳出去，幫自己省下好幾個小時呢？

當「那個遊戲」開始讓我們覺得，必須嚴格自我審查才能找到愛情時，請你意識到事情已經走樣了。

如何讓對方秒讀秒回？

三十歲的莉迪（Riddhi）就覺得自己必須隱藏直來直往的個性，才能順利找到對象。「很多時候，就算已經交往了好幾個月，我還是會擔心自己可能表現得太強勢，所以會忍氣吞聲，忽略所有的警訊，直到再也壓抑不住，感情灰飛煙滅，而我的自信心也隨之而去。」

「總的來說，我覺得自己在感情中表現很差；但同時又覺得，這也是因為我不想把人嚇跑才會這麼做。剛認識的那幾個月對我來說最尷尬，我會覺得不能相信自己，也不能好好做自己，除非我能完全確定對方不會跑掉。」

當我們對話時，莉迪正在思考下一步該怎麼做：她在新冠肺炎疫情中透過網路認識了一個男生。「在隔離封城的時期，我對交往唯一的要求就是定期回訊息。」她說：「我知道很多人都居家工作，但我相信如果你想和我保持聯繫，而又沒辦法見面時，就不應該等八到十二個小時才回我的訊息。」

「我告訴閨密們，我想和對方先說清楚，但她們覺得我們什麼都還沒開始，這樣的期待也太不切實際了。我了解她們的意思，但是，如果我的期望無法滿足的話，我也不覺得有繼續下去的意義了。」

她說的有道理，我也不覺得莉迪應該假裝自己不在乎回訊息的事。相信我，我知道這麼快就建議她打開天窗說亮話，絕對違反了我們最愛的「那個遊戲」的法則。然而，請先想想莉迪可能面對的四種情形：

選項一：她不把話說清楚，他們繼續交往

暫且假設莉迪違背自己的本性，不把話說清楚。從對方的角度來看，一切都沒什麼問題啊！因此，情況不會有所改變，他大概每天就只會傳一次訊息，讓她默默的越來越介意、煩心，而對方越來越感興趣的莉迪，則可能根本不是她真正的模樣。這個選項很可能會讓她走上老路，繼續隱忍，忽視前面提過的各種警訊。

好處：他們繼續交往下去。

壞處：她不快樂，覺得不能真正做自己。

選項二：她不說清楚，他們也沒有繼續下去

假如莉迪選擇不計較，而他們最終分開了呢？換句話說，她把話吞下去，壓抑自己的不舒服，試著想把對方留住，卻還是失去對方。

好處：無。

壞處：她失去自我，也失去了可能的愛情。

選項三：她把話說清楚，而對方不接受

如果莉迪直接指出對方回訊息的壞習慣，很可能就會失去對方。他可能會厭煩或是惱怒；或許他就是很不擅長傳訊息，需要可以接受這一點的對象。不幸的是，莉迪不是那樣的人，所以他們分手。

好處：她自由了，可以去找尋能達到她期待的人。

壞處：她失去了和對方之間可能的愛情。

選項四：她把話說清楚，而對方接受了

這是最理想的情況。莉迪選擇放手一試，表現出真實的自己，對方也欣然接受。他擁抱她直白的個性，也做出必要的改變。即便他還沒辦法奇蹟變身成傳訊息高手，但他們還是能達成某種共識。

莉迪能不再焦慮，而對方看到真正的她後，也覺得更有吸引力了。未來，莉迪不再害怕提出自己煩心的事，因為她知道對方可以好好面對；同樣的，莉迪也可以更自在的做自己，因為她已經表現出真實的模樣了。

好處：她可以和真心欣賞她的人建立真正的連結。

壞處：沒有。這個選項沒有壞處。

我不知道你怎麼想，但我覺得選項三和四是最好的。的確，選項三會讓莉迪失去對方，但她自己則可以繼續前進，因為她知道對方不是她要尋找的那個人。對我來說，這實在遠勝於硬要留住不適合的人，常常被氣到內出血。莉迪應該且值得和欣賞她性格的人在一起。

我知道我的建議聽起來很可怕。但是，面對現實吧！許多人之所以一直玩「那個遊戲」，是因為有所收穫。我們為了約會精心打扮，收穫就是其他人的注目；我們在第一次約會後克制不說出「我愛你」，因此有了第二次約會；我們準時在ＩＧ上灑下魚餌，幾秒鐘後就看到對方的名字在手機上跳出。只要我們覺得有效果，就會一直玩下去。長遠來看，**玩遊戲並不一定能幫我們找到對的人，卻總是能讓我們把暗戀對象留得久一點**。

我也不是要你完全屏棄那個遊戲。你可以繼續做符合你個性的地方，假如化全妝、做頭髮能讓你在第一次約會時信心爆棚，就這麼做吧！拜託！然而，假如你喜歡的是素顏、打扮自然的自己，我也不覺得這樣去第一次約會有什麼問題。

我真正的重點是，如果你開始覺得自己變得不像自己，那就別再想著要玩欲擒故縱了。玩遊戲和徹底失去自我完全不同，所以為了自己好，不要越過那條界線。

偶爾放個屁，能讓你加分

在本書的訪問中，我最喜歡的故事來自二十六歲的麥恩（Mayen），她住在英國布里斯托。「我從上一段關係中學到最重要的是之一，就是永遠不要撒謊。」她這麼告訴我。

麥恩前任的背景如下：對方是她朋友的朋友，住在她即將搬入的城市。「我們一起吃晚餐，請他當我的朋友，幫助我探索這個城市之類的。但氣氛很快就變得有點曖昧。大概在第三次出去時，他開始談論女孩子，說女生應該表現得很優雅之類的，而我就坐在那裡，努力忍住一個屁，一邊想著這樣下去不行。」（曾經有個前任說麥恩是他遇過「氣最多的女生」，她試著開始玩「那個遊戲」，然而得到的卻只有胃痛。）

暈船中的尤妮思	真實的你
「我必須把所有尷尬的小缺點都隱藏起來。」	「可以試著把一些小缺點表現出來，讓對方知道我真實的樣子。」

快轉到麥思的現任男友：「當我遇見現在的男朋友時，在第一次約會我就放了屁。投入任何真感情之前，我想確定對方真的了解我。」如今，他們已經交往超過兩年。

我不是要建議你在第一次約會時勇敢大聲放屁。但我建議你花一些時間，想想這個「屁」在你身上可能代表的是什麼。換句話說，有哪些部分是你不願意妥協的？**哪些部分是你想真實表現，希望對方能夠接受，不會到最後才發現是在浪費彼此的時間？**

舉例來說，我的朋友崔西亞（Tricia）二十九歲，住在舊金山，是我認識最有自信的人之一。她告訴我，放屁大概是她唯一可以妥協的事。「除了忍住屁之外，我覺得我不知道要怎麼掩飾自己。對方是誰都不重要，我沒辦法想像自己很做作的樣子，更別提面對真心想交往的對象了。」

你大概不難想像，在放屁事件後，麥恩對於約會交往也選擇了積極真實的態度：「從玩遊戲的角度來說，我實在不懂那要怎麼建立有意義的連結。」並且舉了等待對方的訊息當例子：「**我就是不懂為什麼要等對方傳訊息，這只會**

讓你自己更焦慮而已。我認為，容易緊張的人，假如不夠坦誠，就只會更焦慮而已。所以，我寧願坦誠，也希望對方對我坦誠。根據我的經驗，真相總有一天會大白。我不知道到底有多少人的感情是那種『我等了三天才傳訊息，又在IG上發和男生朋友的照片讓對方嫉妒，不過後來我們因此過著幸福快樂的日子』。大概不太可能吧！」

麥恩是對的。對許多人來說，坦誠或許很可怕，但科學已經證實，**在感情上坦誠面對，往往會得到比較好的結果**。

二〇一九年，《人格與個別差異》（*Personality and Individual Differences*）期刊中一系列的研究發現，坦誠是遠比玩手段更好的感情策略。但還是要澄清，玩手段的定義是故意「吊人胃口」的行為（例如不立刻回訊息、假裝孤僻等），而「坦誠」則是「為了親密關係而冒的風險」（例如主動傳訊息，說約會很開心），以及「不接受欺騙，就算真相會傷人也要誠實」（例如莉迪逼自己誠實告訴對方，她不喜歡他回訊息的方式）。

我已經說過，這本書不是教你怎麼追人，但如果你真的很想知道，我相信做自己是最好的方法。覺得我一個人口說無憑嗎？我曾經和上述研究的主持人勞倫斯・約瑟夫（Lawrence Josephs）博士通電話，談論該如何證明做自己比玩手段更能帶來好結果。首先，先來談談怎麼做自己吧。

約瑟夫向我解釋：「一般來說，做自己的意思就是可以在情緒上依靠自己、真實的呈現、讓對方見見家人、信任他人等。基本上，就是我們的日常行為，和吊人胃口的做法恰恰相反。」其他做自己的方法呢？他建議，可以從勇敢和喜歡的人相處開始，並把他們介紹給家人朋友，告訴他們你的心意。

那麼，做自己比吊人胃口更好的理由是什麼呢？首先，表現得真誠能提升你整體的吸引力。在其中一篇研究中，約瑟夫設計了兩種情境。第一種情境的參與者會讓自己非常平易近人；第二種則是吊盡對方胃

暈船中的尤妮思	真實的你
＊坐在沙發上，沒什麼事＊ 暗戀對象傳訊息：「嗨，現在有空出去走走嗎？」 回答：「喔，沒辦法耶，我今天有點忙。」	＊坐在沙發上，沒什麼事＊ 暗戀對象傳訊息：「嗨，現在有空出去走走嗎？」 回答：「好啊！」

口，表現出刻板印象中的「調情」。

接著，他詢問受試者哪個情境比較吸引人，並觀察兩種情境所吸引的對象各自為何。「事實上，大部分的人都覺得做自己比較吸引人。」他告訴我。

除此之外，做自己還可以幫你吸引到比較好的對象。「到底是物以類聚，還是異性相吸？研究的結果通常顯示，**物以類聚才是主流**。」約瑟夫補充道：「物以類聚的概念在科學上稱為『選擇性婚配』（又稱選型交配，assortative mating）[1]。」

約瑟夫的研究想探討的是，選擇性婚配的現象是否會延伸到個性層面？而答案是肯定的。「我發現，**越真誠的人就越容易受到真誠的人所吸引**，並且希望能和真誠的人交往。」他說：「而相反的，越喜歡玩手段的人，就越受到玩咖的吸引。」

1 譯按：指人們往往會選擇門當戶對的異性作為配偶。

把「做自己」當成篩選策略

沒錯！我們都曾經玩過一些小手段，並且或多或少有些收穫；但我們能吸引到的，通常也都是愛玩的人，且沒什麼未來可言。「假如兩個真誠的人相遇了，就可能發展出很棒的長久關係。」約瑟夫解釋道：「假如兩個愛玩的人相遇，互相吊胃口，大概就沒辦法建立起很穩定的關係。」這其實不太令人意外吧？想想那些喜歡「釣男人」的朋友，她們的對象通常是怎樣的人？沒錯，就是同樣愛玩弄別人的玩咖！

最後一件事：為什麼有些人覺得做自己很容易，有些人卻覺得很難呢？我希望你能夠仔細閱讀第四章，因為答案其實就在你面對拒絕的方式。

約瑟夫表示：「做自己其實是一種情感上的韌性。

真實的你	暈船中的尤妮思
「我只喜歡能好好對待我的伴侶。」	「我享受被追的感覺。」

你可以接受做自己，並有可能因此被拒絕。」換句話說，如果你對於做自己覺得很有安全感，那麼就會比較願意放飛自我。

「當人們對做自己感到很自在時，就能比較快的回覆訊息，或發展進一步約會。」他說：「當人們被說服做自己並不安全時，就會開始玩一些手段。然而，深入探討就會發現，對拒絕越是敏感的人，就越可能對展現自我感到不安，於是開始玩起手段。」

為了要克服對於拒絕的深層恐懼，約瑟夫建議我們**將「做自己」當成某種篩選策略**。「在找到能欣賞你的真誠對象之前，你可能會被許多玩咖拒絕。但那是你的福氣，你可以繼續前進。」

約瑟夫建議我們應該用「慢走不送」的態度，來看待這些拒絕你的玩咖。「假如這是你面對感情的態度，你就不會浪費任何時間在玩咖身上。」他說：「反正他們遲早會因為你的真誠而拒絕你，這就是一種篩選。你只要抱持希望，總有一天會遇到真誠的人，願意欣賞你真實的樣貌，然後你們就能順利發展下去。」

假如你一邊讀這段，一邊搖頭，認為在戀愛中做自己有違你的本性，但你又想要擁有真誠的關係，那麼也不需要太有壓力。你可以改變！

為了寫這個章節做功課時，我在ＩＧ的限時動態做了個調查，想知道大家覺得在戀愛時做自己容不容易。「我才剛和高中時最好的朋友討論這個問題。」一個二十五歲的舊金山女孩凱爾西（Kelsey）回答：「我認為年輕時會比較難，但是長大以後會更清楚自己要的是什麼，交往時做自己就比較簡單了；因為我們已經不想再浪費時間，而且也更能察覺到是否在迷失自我，畢竟有很多經驗了。」

凱爾西不是唯一這麼說的人。許多女性都加入討論，認為隨著年齡增長，做自己會越來越容

真實的你	暈船中的尤妮思
＊被拒絕＊ 「再見啦，魯蛇。」	＊被拒絕＊ 「老天啊，我失去了一生的摯愛。我該怎麼繼續過下去？我做不到，不可能。我永遠不會再找到愛人，因為我就是沒人愛的魯蛇。」

易。連我自己的經驗也是如此！而 YouGov 的調查也支持這個論點：當我們詢問女性，在過去三段交往關係中，曾經有過哪些玩手段的行為時，便發現隨著年齡增長，這類的行為就越來越少見。

如果你喜歡看數據，以下是不同年齡區間的女性，在過去三段感情中沒有經歷任何玩手段行為的比例（包含了故意讓對方嫉妒，或是刻意晚回訊息）：

- 十八到三十四歲：一五%。
- 三十五到五十四歲：五四%。
- 五十五歲以上：五三%。

沒錯，隨著時間過去，在面對感情時你會越

暈船中的尤妮思	真實的你
＊聽說暗戀對象喜歡賞鳥＊ ＊其實只看過在窗台上大便的鳥，真心希望那隻鳥死掉算了＊ 「天啊！我愛賞鳥！鳥最棒了！哈哈，太巧了，我們有好多共通點。」	＊聽說暗戀對象喜歡賞鳥＊ 「酷！我從來沒賞過鳥。」

來越不依賴那個遊戲，反而發現做自己會更容易。假如你覺得自己還沒有到那樣的境界，以下是一些我**強烈建議你永遠拋棄的愚蠢遊戲**：

•假裝自己喜歡對方的興趣

你會假裝自己對他的喜好很感興趣：根據YouGov調查，九％單身女性都曾經這麼做過，而在十八到三十四歲的區間，這個數字則提高到了一八％。

二十一歲的紐約女性尤娜提（Unnati）告訴我，她曾經背下英國曼聯隊上所有球員的姓名和歷史，只為了向喜歡的人證明自己知道這支球隊。她笑著補充，其實到現在她都還不太了解足球。

原本的目標：讓對方認為你們有很多共通點，因此更喜歡你。

為什麼別再這麼做：因為這些共通點都不是真的，為了贏得他的歡心，你正在失去自我！

• 刻意等很久才回訊息

對方花了二十分鐘才回訊息，所以你要等四十分鐘再回覆：根據 YouGov 調查，一七%單身女性曾這麼做過，而這個數字在十八到三十四歲的區間提升到二八%，在三十五到五十四歲的區間則是二三%。

潘妮洛普說她曾經這麼做過，而甚至在和現任男友的交往過中，她也偶爾發現自己的壞習慣有點難改。「我知道回覆訊息的時間要比對方更久這件事很荒謬。」她告訴我：「但我還是會忍不住等得比平常久一點，因為我不想表現得太高興，或迫切的想要看到他的訊息。」

原本的目標：讓對方覺得你很忙，而且沒那麼在乎他。

暈船中的尤妮思	真實的你
＊終於收到暗戀對象的訊息＊ 「我就坐在這裡，枯等5、6個小時再回覆，因為我是個酷女孩。」 ＊接下來一整天都緊張到想吐＊	＊終於收到暗戀對象的訊息＊ ＊回覆＊ ＊接下來都愉快的和對方聊天＊

為什麼別再這麼做：你毫無來由的讓自己焦慮。世界上不會有任何人因為你花了四十分鐘才回訊息，就覺得你比較酷。

•利用其他人讓對方嫉妒

故意和其他人密切互動，因為你「覺得」你真正喜歡的人會很介意：根據 YouGov 調查發現，十八到三十四歲的單身女性中，有一一％曾經這麼做過。

「我和那個男生最好的朋友上床，因為我想讓他嫉妒。」我的朋友佩姬（Paige）這麼告訴我，她二十五歲，來自芝加哥（背景資訊：佩姬和她的好朋友兼同事斷斷續續的交往。對方是歐洲人，在美國已經待了大約一年半。在他們某次

真實的你	暈船中的尤妮思
＊和喜歡的人聊天＊ ＊只想和對方在一起＊ 「我喜歡你，而且真的只想和你在一起。」	＊和喜歡的人聊天＊ ＊只想和對方在一起＊ 「哈哈，我其實還有在和其他人交往。我朋友都叫我楊貴妃，因為很多男人都拜倒在我的石榴裙下。」

分手的期間，佩姬故意和對方從歐洲來訪的好友搭上了）。

原本的目標：很顯然，就只是要讓你喜歡的人嫉妒。

為什麼別再這麼做：通常結局不會跟你想的一樣，而且會讓涉入其中的人都很難受。以佩姬的例子來說，和對方的好朋友上床後，她說對方「非常嫉妒」。任務達成！但是……她卻覺得很糟。「我們有談到這件事情，它只帶來了反效果，我也很難過自己傷害了他。」

・假裝你不感興趣

為了「裝酷」，假裝自己對感情交往不感興趣：YouGov 調查顯示，一三％女性曾經迴避「定義關係」的討論，因為她們害怕承認自己真實的感情後，兩人的關係就會發生改變。在十八到三十四歲的區間，這個數字提高到一九％；在三十五到五十四歲的區間，則又降低到一一％；在五十五歲以上的區間，更只有九％。

例如我們在第四章提過的泰莎，她不曾向男友坦承自己真正的感受，我相信大家都知道結局是如何了。

原本的目標：讓對方認為你個性很酷（然後因此愛上你）。

為什麼別再這麼做：裝酷很愚蠢，而且會平白帶來許多不確定性和揣測。最終，真誠的人會以為你不感興趣，而選擇離開。

・不願意承認某些讓你煩心的事

把在關係中的任何煩惱都藏在心裡，外表裝得什麼事也沒有：YouGov 調查中，有一六％單身女性表示，她們不會把煩心的事說出來，而是希望對方能察覺自己的不對勁。這個數字在十八到三十四歲的區間提升到二一％，三十五到五十四歲的區間維持在一七％，五十五歲以上則降到一三％。

暈船中的尤妮思	真實的你
＊和暗戀的人聊天，想要裝得酷一點＊ 「對啊，我不是認真想談戀愛的那種人。」 ＊因為對方不想交往而難過＊	＊和暗戀對象坦白＊ 「我希望我們之間能有好的結果。」 ＊順利和對方交往＊ ＊如果沒有交往，也無怨無悔＊

原本的目標：讓對方覺得你很酷，進而（更）喜歡你。為什麼別再這麼做：把在乎的事藏在心裡只會讓雪球越滾越大，使你心生怨懟。這對雙方來說都不公平。

越耍心機，就越容易讓人操控你

就像所有尤妮思的行為，我們之所以會玩一些小手段，其實都源自於內心的不安全感。YouGov 調查指出，二〇%的女性在和暗戀對象第一次約會時會引發焦慮，而這個數字在十八到三十四歲的區間提升到二九%。

正是這種焦慮讓「那個遊戲」非常吸引人不是嗎？無論是第一次或第五十次約會，無論我們是否有勇氣做自己，耍一些花招總是可以幫助我們假裝成別人。

如此一來，假如我們被拒絕，就可以不當一回事，因為被拒絕的不是真正的自己；他拒絕的是我假裝的模樣（泰莎和我都曾經找過的藉口：「算了，他從沒機會認識真正的我」）。

為了換來這樣的慰藉，我們選擇放棄真正的自我。我前面就提過，偶爾玩玩小手段沒什麼大不了。然而，假如隨著關係的發展，我們所做的每一步仍然是精心算計想贏得對方的心，風險就會越來越高。

「認識我的人都知道，我很容易一開始就一頭栽入。我常常會全心全力投注在我感興趣的對象身上，傳訊息時都要精心撰寫，聊天的內容也都戒慎恐懼，彷彿無話可說的尷尬就是世界末日了。」二十五歲，住在波士頓的克萊兒（Claire）如此和我分享。

「所以，我覺得自己真的把對方捧得太高，看得太重要了，但其實真的沒那麼嚴重。但是，假如我真的很喜歡對方，我的每個行動都還是會經過再

暈船中的尤妮思

＊對方做了讓自己煩心的事＊

＊和所有人抱怨，但不告訴對方。事情在心裡越滾越大，直到完全占據了思緒，再也沒辦法想別的事＊

真實的你

＊對方做了讓自己煩心的事＊

＊告訴對方，事情得到解決＊

三思考，因為我想避免把難得的機會給搞砸。這真的很蠢。」

「那個遊戲」告訴我們，要裝得很忙，讓對方來追我們；理論上這應該會讓我們重新把重心放回自己身上，然而事實卻剛好相反。我們往往會比以前更加在乎對方。

我們越是投入心機的小遊戲，就會越放大其他人對我們的影響；在我們每次故意晚回訊息，或是說謊讓自己顯得更「迷人」，其實都在暗示自己，我們真正的模樣並不值得他人喜歡。

如果我們深信，贏得對方的愛才能成為人生的勝利者，否則就只是魯蛇，那麼我們當然會過度看重對方。一旦開始遊戲，對方就成了我們的獎品；假如對方是獎品，那我們又算什麼？

當然，和真心喜歡的人快樂的在一起也算是某種獎勵；但真正快樂的關係，必須是和對的人一起才能建立。而遇見對的人時，真的不需要任何手段，他們就會喜歡你。

暈船診療室

- 如果「那個遊戲」讓你感覺很好，那玩玩無妨。
- 如果你開始感到焦慮，請停下來。
- 越真誠越好。（如果對方不喜歡，那種人不要也罷！）

第七章

鄭重寫下，輕鬆送出

經歷了前面六個步驟，我們是時候該……把訊息送出了！記得，「訊息」在這裡是個隱喻。你的訊息可以代表很多事情，例如終於鼓起勇氣對心上人告白，或是在ＩＧ上封鎖你的前任。這是在感情生活中，你所能做的最忠於「自我」的事了。

無論你選擇如何不怕已讀不回、把訊息送出，我相信讀完這本書會讓事情變得容易許多。假如你遵循書中步驟，此時應該已經放棄玩各種遊戲或手段，例如「他愛我／他不愛我」或「那個遊戲」。

所以我們現在是什麼關係？

現在你應該已經懂得剔除生命中負面惡毒的人；你不會再找藉口、能夠欣然接受拒絕，也懂得擁抱單身。就算永遠單身又何妨？你不再為了吸引男人（或女人，或無性別者）而裝酷。然而到了這個境界，你大概真的很酷了。

不過，還有一種訊息能讓最酷的女孩直接變回尤妮思，那就是：「我們現在是什麼關係？」（我們之間算什麼、我們是男女朋友嗎、所以這樣算在一起了嗎……）的話題；或者我稱為「鄭重送出」。

如果你還不清楚什麼是「我們現在是什麼關係？」的話題，請容我解釋，這是令現代男女聞之色變的主題，通常得抱著一定的覺悟才會（敢）提起：

- 告訴對方，你對他有感覺。
- 問對方是否考慮在一起的將來。

看到這樣的對話，是不是讓你反胃到想吐？你並不孤單。這個話題實在太恐怖了，在 YouGov 調查中，只有一三％女性曾經在過去三段關係中主動提起；更甚者，有四二％女性說她們曾基於某種理由，主動迴避這類話題。

然而，如果你正為這件事情心煩，我想我能幫上忙。在「鄭重送出」之前，有兩件事可以減輕你的壓力（說真的，無論是哪種令你害怕的「送出」，這兩件事都會有所幫助）。

減壓法一：把對方請下心中的王座

對方已經坐上王座的跡象

- 你對於對方的看法和其他人都對不上。
- 你持續努力讓對方喜歡你。
- 你想不到任何對方的不好。
- 你覺得對方能注意到你就是萬幸。
- 你會很快的原諒對方的無禮，或是替對方找理由。

為什麼會把對方放上王座？

這很正常。當我們覺得自己受到某人所吸引時，碰！他們在我們內心的位置就提高了。這就是為什麼熱戀期這麼有意思！有個超棒的人喜歡我們、注意我們，這樣的刺激會讓我們亢奮。然而，就只是亢奮而已。

就像大部分的激情過後，當我們的手機不再因為他的訊息而亮起來，或是對方不想和我們一對一交往，我們的心情就會墜入谷底。

住在芝加哥，二十一歲的珍娜，正在掙扎著想把現任男友，從心中的王座拉下：「我們的關係一直很顛簸，常常分分合合的。不過我總是會忘記他讓我不開心的地方，也不記得我們分手的理由。」

珍娜還提到對方會讓她覺得「很沒安全感」、「很自卑」，而且對方有時很自私。當他們波滔洶湧的關係終於改善時，她卻覺得自己仍然得忽視許多問題。「雖然情況有好轉，但在我眼中的他還是太好了，我實在不知道為什麼自己會這樣。」

為什麼得把對方請下王座？

- 把對方捧得太高，就會創造權力不平衡的關係，讓你覺得自己得持續討好對方。
- 因此，你很難在對方面前做自己。
- 也因此，你們所建立的「關係」並不是以現實為根基：你並不真的了解對方，對方也不是真的認識你。

如何把對方請下王座？

以下有四種解法。首先，就像我在上一章說的，不要再想透過玩手段來贏得對方的感情了。第二，給自己一些時間，真正了解對方，也讓對方了解你。這一步在「鄭重送出」前很重要。當你想對某人坦誠告白前，為了自己好，先**花點時間確認你的感覺都是以「事實」為基礎**。

對方認識的是真正的你，還是你為了他小心塑造出的虛假形象？你把對方當成活生生的人來看，還是當成完美的超人，只要垂顧你一眼就千恩萬謝呢？

第三個方法適用於想快刀斬亂麻的時候。或許有個「訊息」是你得盡快送出的，但你又很緊張。若是如此，我推薦你拿一張紙，或是開啟手機的記事本，寫下兩個清單：

- 清單一列出對方的至少五個缺點。可以是很小的問題，例如對方某個字的發音很奇怪；也可以很嚴重，例如對方不只一次對你撒謊。這個清單的目的是賦予對方人性，只要是人都會犯錯。

• 清單二列出自己的至少五個優點。這五個優點證明了能跟你約會是一種福氣。假如你一點都想不到，那麼問問你父母或最好的朋友吧！但要記得，你列出的優點要和對方的缺點一樣多（或甚至更多）。

一旦寫完了，看看兩份清單，很快的提醒自己，或許你會認為自己能和對方在一起很幸運，但對方也是一樣的。

想想少了他在王座上的生活

當來自田納西州的蘿拉（Lola）不再把某人放上王

暈船中的尤妮思	真實的你
「我真幸運！可以跟這麼完美的人在一起，希望我不要搞砸了。」	「很高興終於找到配得上我的人了。我已經等不及想更了解他。」

座後，她終於認識了那個對的人——她的未婚夫：「以前的我總是把另一半放在心裡最高的位置，讓他們在我心中的地位無可取代。然而，他們卻每次都會讓我心碎失望。」

「當我終於放棄那些混蛋，把自己放上最重要的地方後，反而遇到了我的未婚夫。如果你的個性就是喜歡付出，那真的很難不過度重視對方。但如果你能發掘自己的價值，就很容易判斷誰值得、誰不值得了。」

當然，我不是說只要把別人請下王座，你就能像蘿拉那樣找到你的靈魂伴侶，但你一定可以建立起更沒有壓力、更真誠的連結。

少了心中的王座，你就能和看見彼此真實模樣的人建立連結。即便看見了對方的缺點，依然會（興奮的）選擇和對方在一起。沒錯，當對方的名字出現在你手機上，你還是會覺得開心、亢奮，而這種感覺非常「真實」。

減壓法二：開除你的個人顧問團[1]

太依賴個人顧問團的跡象

- 把和心上人的每個互動都和許多朋友分析討論。
- 每次回訊息之前，都得先和朋友們討論過。
- 在感情生活上，常會不知道該聽哪個朋友的建議。
- 會懷疑自己的直覺，因為你的朋友可能有不同的處理方式。
- 你希望自己感情進展的速度，能符合朋友的期待。

為什麼你會有個人顧問團？

我們在感情方面依賴朋友或家人的理由很多，但主要是因為各種「不確定

1 這裡的「個人顧問團」，我很顯然指的是幫助你計算感情中每一步的朋友／同事／家庭成員／陌生人。

性」。我們不確定暗戀對象到底喜不喜歡自己；不確定如何保住對方的愛；不確定該如何回覆對方的訊息……而最重要的是，我們不知道何時，或如何讓關係（無論當下算什麼）進入下個階段。當我們迷失時，會本能的轉向自己信任的人（或是友善的超商店員）尋求建議。

二十四歲愛莉（Allie），透過ＩＧ和我分享了她的故事：「朋友們的看法當然很重要。我來自一個很小的城鎮，那裡的社交圈很小。所以只要和當地人約會，我的朋友甚至會比我更了解對方，而這影響很大。我的個性又會希望朋友在我不可理喻時，能狠狠點醒我。然而，到最後我總是會問太多人的建議，有些人會贊成我的看法，有些人會反對。這讓我毫無頭緒，甚至忘了自己真實的感受。」她又補充道：「我對朋友的依賴，來自和異性相處時的強烈不安全感，這讓我覺得別人都比我懂得更多。」

為什麼必須開除他們？

我們常常以為，每件事情都依賴朋友的建議可以幫我們減輕壓力；然而，這其實是隱性的壓力來源。我們對於如何回覆心上人的訊息，或是如何開始「鄭重送出」感到手足無措，所以請求朋友的協助。

不過實際的情況往往卻是，我們變得**太過在意其他人對我們感情生活的看法，反而聽不見自己的直覺**。這麼一來，會發生三種充滿壓力的情況：

・開始自我懷疑

有天你收到了心上人「嗨，最近好嗎？」的簡訊，你立刻截圖，傳給好朋友和姊妹的群組，她們也馬上回覆：「天啊，快點回他，邀他一起參加我的訂婚派對。」你覺得這個點子很棒，也相信朋友的意見（畢竟她要結婚了，對這方面應該比較懂）。

你接受了他人的意見，傳了訊息，並開心的瀏覽租禮服的網站。然而，你最好的朋友在此時加入：「抱歉各位，我剛剛在開會。但老天啊，尤妮思，千萬不要那麼做！這樣進展太快了！」然後你的胃開始不舒服，接著關掉了租禮服的網頁，並思考著該怎麼收回訊息。然而，差不多二十秒前你還相當興奮，此時卻已墜入了谷底。

・交往對象沒辦法認識我們真正的樣子

再繼續引用上面的例子吧。無論你選擇了誰的建議，兩者都不是你真正想要的對吧？邀請對方參加婚禮是你姊妹的做法，裝酷是你好朋友的風格。請記住，對方感興趣的不是你的好朋友。他感興趣的是你！

・直覺會變得遲鈍

在感情策略上諮詢你的好朋友、姊妹或其他顧問團成員，最大的風險在於你會越來越背離自己的直覺。每次詢問朋友或家人他們會怎麼做，而不是花時間想想自己該怎麼做時，其實都是在和自己說：「我的直覺不夠好。」然而，**你的直覺就像身體的其他肌肉一樣，如果不使用，就會變得脆弱無力**。

如果做得太過頭，萬事問親友只會讓情況變得過於複雜而已。你的姊妹可能會叫你放手一搏，你的好朋友卻認為太快了，希望你住手。那該怎麼辦？你會不知所措、躊躇不決、壓力山大，被迫在讓好朋友失望或讓姊妹失望之間做出艱難的抉擇。更別提在過程中，你完全忽視了自己到底想怎麼做。

該如何開除他們？

沒有人要你讓朋友們從生命中徹底消失。如果你覺得把感情生活的所有細節都當成祕密能減輕一點壓力，那請務必這麼做。然而，如果你像我一樣，覺得不和朋友鉅細靡遺的傾訴所有細節，就是在對他們說謊，那麼至少稍微修飾一下吧。

此刻，帶給你焦慮的機制大概是這麼運作的：困惑迷失↓找朋友幫忙決定下一步↓試著決定要聽哪個朋友的建議。

與其如此，不如換個方式：困惑迷失↓花些時

暈船中的尤妮思	真實的你
「我的朋友告訴我，我該把這段關係講清楚，所以我要這麼做。但其實我的直覺告訴我，這太快了，我還沒準備好。」	「我要把這段關係講清楚，因為我覺得時機成熟了。」

問自己決定該怎麼做↓和朋友分享你的決定↓讓他們幫你打氣。

換句話說，**先決定自己想怎麼做，然後再告訴朋友你的想法**，特別是面對「鄭重送出」的事件時，你必須是發自內心想這麼做。唯有當你覺得時機對了，才能展開這樣的對話，並且說出你想說的。你的朋友可以在一旁幫你打氣，適時給予協助，但僅止於此。

即便你還不清楚自己該怎麼做，也應該只找「一個」朋友幫忙，而且提出自己想到的幾個選項。你要清楚表達自己只想從選項中選擇，並且請她幫你評估每一項的優點和缺點。喔對了，假如你朋友強烈建議你採取某個選項，但你的直覺吶喊著要選另一個，那麼請忘了朋友的建議，遵循直覺吧！

想想少了顧問團建議的生活

想像一下，有一天你可以輕鬆的相信自己的直覺，相信對方真的喜歡上你，而不是你的朋友、同事、家人，或是在超商遇到的友善路人所說的。他喜歡的是你。你給了喜歡的人機會去認識真正的你，而相對的，你也給了自己一個機會，可以找到喜歡真正的你的人。創造真誠的感情關係，就是這麼簡單。

好吧，或許你的人生實際上不會那麼輕鬆寫意，但是我在大學畢業之後，就不再尋求顧問團的幫忙了，這讓我的感情生活大幅提升。不只幫我找到喜歡我真正模樣的現任男友，更讓我的自信提升許多。

當然，我偶爾也會慌張，會問朋友們我該怎麼做，但大部分時候，我會積極挑戰自己找到答案。這使我的情感關係（無論最後是否有結果），都比以前更好上百萬倍。更重要的是，我覺得自己更有自信了！

鄭重寫下，輕鬆送出

現在，我們已經把壓力都解除了，該來談談「鄭重送出」的核心和細節了。老實說，光是這個主題就可以另外再寫一本書。我對這方面有很多想法，也花了很多很多時間做功課。我參考了自己的經驗和心理學家的建議，提出了執行這個步驟的方法。

然而，這一章節主要想表達的是「相信你的直覺」，所以我會把建議寫得簡單一點，整理成三個小步驟：

步驟一：選擇正確的時機

喔不，我的意思不是選擇對方或你朋友覺得正確的時機，也不是社會價值觀認可的時機。我指的是**你自己覺得正確的時機**。對某些人來說，或許時機永遠不會成熟。有一些跡象會告訴你，或許不應該開啟這樣的對話：

- 你希望你們的關係維持輕鬆：YouGov 調查有八%的女性，曾經推遲「我們之間是什麼關係」的談話，因為她們希望維持輕鬆的交往。
- 你不確定是否希望維持這段關係：YouGov 調查有一四%的女性說這是她們不願開口的原因。
- 你天生就是個玩咖，喜歡不經意的拋餌，希望你有意的對象可以上鉤[2]。

又或者，你並不是永遠不想開啟話題，只是覺得時候未到。以下是一些時機還不成熟的跡象：

- 你還在釐清自己想要什麼。
- 你還把對方高高捧在王座上。
- 你覺得自己沒辦法不靠朋友的建議，就「鄭重送出」。
- 某些外在的因素使得「鄭重送出」帶給你太龐大的壓力。

讓我很快的解釋一下最後一點。通常，我百分之百支持你只要準備好更進一步，就「鄭重送出」。同時，我在第四章也耳提面命：不應該因為害怕被拒絕，就躑躅不前。

然而，我們的人生通常不會永遠「正常」。有時候會出現意外，例如失

2 但別忘了約瑟夫的研究！玩咖通常在情場上也只會遇到勢均力敵的玩咖。

業、疫情，或者是某天你過得特別糟，所以讓你只想要維持現狀。改變現狀會帶來壓力，有時你就是不想面對這樣的壓力。

舉例來說，二十八歲的瑪莉（Mary），因為新冠肺炎疫情在老家居家隔離時，和一位高中的舊識重新搭上線，對方也在隔離中；他們在疫情之前的正常生活時，剛好也住在同一個城市。

「現在，我們已經『交往』一個月了，也真的很喜歡對方。」她說：「我們坦誠了對彼此的感覺，卻沒有談到回到以前生活的城市之後，我們的關係會變得怎樣。不過我們都說得很清楚，交往的目的不是玩玩而已；但也都還沒開始討論下一步要怎麼發展。」她又補充：「我覺得自己不主動提起的理由，一方面是害怕對方拒絕，另一方面則是知道這可能會改變一切。但我其實對現狀挺滿意的。」

假如在某段憂鬱的日子裡，有某些人事物能帶給你快樂，而**你很擔心「鄭重送出」會換來你還沒準備好面對的改變，那麼我建議你，保持現狀就好**。唯有當你準備好改變現在的狀況，那麼才會是「鄭重送出」的好時機。唯有當你對現況不滿，或是維持現狀的壓力超過了可能失去對方的難受，才代表你已經準備好放手一搏，鄭重送出。

假如沒有外在的危機，你也確定自己準備好更進一步，那麼就是考慮認真討論的時機了。建議鄭重送出的時機如下：

- 在一起夠久了：根據二〇一九年三月的《單身美國》調查，平均每個單身者會等四個月才進行這樣的討論。但重點不是應該要先在一起幾個月，而是真正花時間了解對方，並且也讓對方了解你（提前劇透：假如你覺得對方很完美，那麼時機可能就還沒到）。
- 決定自己「想要」更進一步，而不是覺得自

暈船中的尤妮思	真實的你
＊第一次約會＊ 「我愛你。別拐彎抹角了，我們正式交往吧。還在等什麼呢？」	＊第20次約會＊ 「我覺得在過去的（某段時間），我已經很了解你，也開始動了真情。你的想法如何呢？」

己「應該」要。

- 相信對方能提升你的生命，而不只是個浪費時間的髒衛生棉。
- 認為自己已經無法再滿足於現狀。

覺得是鄭重送出的時候到了嗎？好的，請開始步驟二吧。

步驟二：送出

我知道鄭重送出可能很可怕，即便你是世界上最有自信的人，暴露自己的弱點還是會讓你感到恐懼。通常，恐懼甚至會強烈到逼使我們迴避整個話題。

根據 YouGov 調查，以下是人們不願意鄭重送出的理由：

- 感覺很尷尬（一六％的人因此逃避）。
- 害怕被拒絕（一五％的人因此逃避）。
- 害怕開口的話，兩人之間的感情就會淡掉（一三％的人因此逃避）。

這些理由都很有道理！情況的確可能變得尷尬，你可能會被拒絕，感情也可能會淡掉。但是，我們先花幾秒種想想其他可能性吧。

假設你太害怕上述的情況發生，所以選擇什麼也不說，即便並不滿意，但仍然維持現狀。於是，你又陷入了熟悉的情緒牢籠，也就是關係的煉獄。

假如你未曾有過這樣的經歷，讓我描述一下深陷其中，努力想保持「輕鬆」關係，假裝自己沒事會是什麼樣子：無止境的「他愛我／他不愛我」遊戲；動不動就借酒澆愁；在玩「那個遊戲」的過程中失去自我，以及最終的感情結束後，不斷揣測各種錯身而過的可能性。

所以，我強烈建議你避開關係地獄。假如你已經準備好讓關係更進一步，為了你自己好，請勇敢的開

真實的你	暈船中的尤妮思
「我並不引頸期盼，但是我已經無法接受現狀，所以必須好好談談，讓自己從關係的煉獄中獲得自由。」	「你知道嗎？這話題太可怕了，我永遠不會提起。」

口吧。我可以保證，**維持現狀的焦慮絕對遠遠超過失去關係的焦慮**。

至於具體該說什麼，就留給你自行想像了。無論是回應暗戀對象的日常訊息，或是面對鄭重送出，《暈船診療室》的唯一法則就是，訊息應該發自你的內心，必須完全屬於最真實的你。

因此，我不會告訴你該說什麼、該怎麼說，也不希望你拜託別人幫忙擬稿。要記得，本質上你想要的就是一段關係，**假如真的和對方有所進展，這困難／尷尬／奇怪／脆弱的對話，只會是往後眾多這類對話的九牛一毛而已**。

假如你真的完全不知道該說什麼，可以用自己的方式，試著提到以下兩個重點：

- 誠實告訴對方你對他的感覺。
- 把自己想要的說清楚：想要「女朋友」的稱謂？不一定要稱謂，但要一對一的關係？說清楚這段關係算什麼？

家庭與婚姻治療師、播客節目《Shrink Chicks》主持人艾茉莉・比爾利（Emmalee Bierly），曾經說：「就因為我說我們在『交往』，不代表你會自動了解我的意思是以後只和對方上床。**不要只是假設。要清楚定義你認為的交往該是什麼樣子，因為不是每個人的觀念都一樣。**」

就算你搞砸了，也不要太有壓力！或許你中途就被打斷，或許你太緊張，只能不斷呢喃著不相干的事，好幾次之後才能鼓起勇氣說出口。用自己的步調進行就好，就算沒有做得很完美，也不需要責怪自己。

步驟三：不要妥協

這一步是關鍵。假如你的心上人和你想要的不同，或是和你有不同的想法或感覺，那麼就轉身離開吧。為了你的心理健康和自我價值，請舉起左腳，再舉起右腳，慢慢走開。以貝莉（Bailey）的例子來說，她二十五歲，住在喬治亞州的亞特蘭大。她告訴我，她對於無法把關係說清楚這件事，已經到了「厭倦」的地步，因為她沒辦法再忍受玩玩而已的關係。

「所以，在和這傢伙在一起三個月後，我就提了好幾次。最後，因為覺得我們的關係很像在交往（根據我們的互動、比較有深度的對話和話題、分享生活的各種經歷），我告訴他，我想公開我們的關係，而他也同意了。」貝莉回憶道：「但是不到三個星期，他就覺得他喜歡我們現在的狀態，但是不想要有男女朋友的名目。他想要繼續和我在一起，用同樣的方式和頻率對話，卻不希望我覺得我們正在朝戀愛關係發展，因為他『就是還沒準備好』……所以我跟他說了再見。這真的很讓人挫折。有些男生就是想要享受男朋友的特權，卻又不想真的當你的男朋友。」

我很清楚貝莉想說什麼，因為我也有過同樣的經驗。當我和「很完美，但是」男交往四個月左右時，我意識到光是日以繼夜的聊天，和偶爾飛去看看對方，對我來說並不夠。

當時，我並非一定要馬上和他正式交往，只是想確定我們能夠有所進展。因此我鼓起勇氣問他，我們到底算不算在交往。然而，他的答案是否定的，他也不理解我們為何不能維持現狀。最後我讓步了，告訴他維持現狀也沒關係。

很顯然，我期盼他有一天會回心轉意，或是願意搬到紐約，讓我們有奇蹟般的進展。而我也不是唯一這麼做的人，前面提過，YouGov 調查中有一七%的女性曾經在關係中妥協，只希望對方有一天會改變想法。

然而，**妥協唯一的結果就是讓自己更加悲慘**。我以為自己逃過了分手的痛苦，但事實上，我只是創造了新的痛苦——和已經明確說出沒有那麼喜歡我的人繼續保持關係。我得告訴你，這樣的狀況對於自尊心一點好處也沒有。

最終，我們之間的感情消磨完了，但因為我硬是拖了這麼久，使得痛苦增加了十倍以上。我告訴他維持現狀沒關係後，卻開始疏遠他，讓他覺得受傷；因為傷害到他，我也很自責，卻又很氣自己一

暈船中的尤妮思	真實的你
＊被拒絕＊ 「好吧，或許我們可以再相處幾個月，或者幾年，直到某天你可能會突然決定想和我在一起？」	＊被拒絕＊ 「你的損失。再見啦。」

開始有機會時，沒有老實說出真心話。

即便有萬分之一的機率，對方真的開始慢慢接受了，願意和你認真交往，情況也未必會是你想像的永遠幸福快樂的結局。

二十五歲的瑪麗亞（Malia）和我分享了她的故事：「我和這傢伙在一起一陣子，然後進展到了『我們是什麼關係？』的話題。我那時說了想繼續下去，更進一步，想要正式交往之類的話，而他回覆了一些他的『疑慮』，我也只說了句『好喔』。最後我們就只是繼續玩在一起。」

「大概一個多月後，他問我願不願意當他的女朋友。然而又過了幾個月後，他就提了分手。現在回想起來，我或許該多注意一下他的『疑慮』，因為這其實是他內心深處沒那麼想跟我在一起的警訊。」

我們都值得更好的人，不需要屈就於只想在一起玩玩的對象。我們值得對自己有熱情的人，會因為我們的喜歡而感到興奮，而不是退避三舍或心生反感。假如對方告訴你，他有點猶豫或沒有感覺，請相信他們，離開他們。不要浪費時間說服別人你的價值。

暈船診療室

- 準備好了就「鄭重送出」吧。
- 如果對方和你想要的不一樣，就轉身離開，重新出發。
- 在傳送任何訊息之前，先花點時間排解壓力。

後記
不怕已讀不回，對的人就會出現

就這樣了。這本書很長，一共有七個步驟，都是在提醒你做自己。歸根究柢，《暈船診療室》的重點就是如此而已，不是嗎？最重要的是，請看重自己的價值、把自己放在第一位、重視自己的需求。假如某件事不符合你的期待，就停下吧。即便其他人都說，你應該為了快樂的將來委屈一下，也請不要有所動搖。

然而，假如你七個步驟都讀完了，卻覺得自己還是沒能掌握不怕已讀不回的祕訣，擺脫暈船呢？假如你還是覺得只要想起暗戀對象，自己就會像尤妮思一樣呢？

不怕已讀不回、擺脫暈船，甚至是人生大部分事物的奧祕，其實就是我們

「**不可能完全掌握任何事**」。說到底，大部分的人偶爾都還是會變成尤妮思，因為我們都只是凡人。不可能只因為讀了一本書，就奇蹟般的抹去累積多年的焦慮。

即便我和現任男友布萊恩發展得異常順利時，大腦中的尤妮思仍然不時會大吼大叫著，例如：救命！他還沒刪除交友軟體！我們算穩定交往嗎？吞下去吧，什麼都別說！很酷的女孩什麼都不會說！

與布萊恩交往的過程中，和之前跟傑克的關係唯一不同的地方，就是我不再讓腦子裡的尤妮思控制我。當我看到他手機裡的交友軟體時，不再只是默默進入驚慌狀態，而是主動和他提起。我不害怕真實的想法被已讀不回。

我試了兩次（第一次還吐了[1]），但是還是順利說了出來。而你猜怎麼著？其實沒有那麼嚴重，他立刻就把交友軟體刪掉，我們也從那天開始正式一對一穩定交往。

回首這段回憶，我想最重要的是我個人的收穫和體悟：我向自己證明了，我有能力進行「困難的對話」，就算這意味著犧牲自己很酷的形象又何妨？而在談話之後，也更加深了我的信念：我值得受到尊重。假如關係中有些事令我不舒服，我不需要默默承受痛苦。我可以開口說些什麼，選擇讓痛苦結束。

擺脫暈船真正的重點，其實就是尊重自己。而尊重自己的重點，就是無論情況多麼可怕，**永遠都要做出忠於內心的選擇**。我說「永遠」，是因為你必定會一再面對這樣的抉擇。

在這些時刻，你內心深處的尤妮思一定會不斷浮出水面，而你得積極提醒自己：不要害怕真實的自我被已讀不回。因為你值得，因為你得為了自己這麼做。

提醒自己「不怕已讀不回」的五十個時機

1. 當你在揣測對方傳來的「嗨」是什麼意思。
2. 當你開始玩「他愛我／他不愛我」的遊戲。

1 不，我不是在開玩笑。我太緊張，真的吐了。

3. 當你擔心第一次約會穿球鞋很怪，所以穿上自己討厭的高跟鞋。
4. 當你想告訴對方你奇怪的興趣，又擔心對方倒胃口。
5. 當你想要「鄭重送出」，卻害怕會讓你們之間變得尷尬。
6. 當你想要「鄭重送出」，卻害怕被對方拒絕。
7. 當你不想「鄭重送出」，但你朋友給你壓力。
8. 當你發現自己找不出對方任何缺點。
9. 當你正在和人形「衛生棉」交往。
10. 當你盯著時鐘，等待適當的時機來回覆暗戀對象的訊息。
11. 當你苦苦忍耐著，遲遲不想傳出第一則訊息，因為你覺得應該由對方主動追求你。
12. 當你在腦海中想像這段關係各種可能的慘烈結局。
13. 當你的阿姨不斷批評你的單身狀態，讓你情緒低落。
14. 當你不斷把自己和交往中的朋友做比較。
15. 當你覺得妥協屈就都比單身更好時。

16. 當對方不看你的限時動態。
17. 當對方看了你的限時動態。
18. 當你覺得自己準備好談感情，但突然的焦慮又讓你卻步。
19. 當你覺得想「裝酷」，而對自己的感覺忍氣吞聲。
20. 當你想把自己單身怪罪於勾搭文化。
21. 當你想把自己單身怪罪於交友軟體。
22. 當你想把自己單身怪罪於社群網站。
23. 當你想把最新的訊息截圖，上傳到你的好友群組。
24. 當你在惡性循環和良性循環間抉擇。
25. 當你想在ＩＧ搜尋對方前任的名字。
26. 當你對分手感到悲傷，但又覺得自己應該裝沒事，因為你們不算真正在交往。
27. 當你在凌晨四點驚醒過來，擔心自己的感情生活。
28. 當你被困在關係煉獄中。

29.當你被派對另一端的某人深深吸引。
30.當你即將讓自己墜入關係煉獄。
31.當某些人告訴你，必須找到伴侶才能過著幸福快樂的日子。
32.當你把感情生活所有的問題都怪罪於勾搭文化。
33.當你把感情生活所有的問題都怪罪於交友軟體。
34.當你把感情生活所有的問題都怪罪於社群網站。
35.當你在ＩＧ動態看到對方的照片，而焦慮到反胃。
36.當你很想知道，如果高中時和心上人告白，會發生什麼事。
37.當你因為自己還單身，好朋友卻都在交往中，而感到難過。
38.當你花了兩個小時，在想著該怎麼修改要傳給暗戀對象的「嗨，要不要一起出來？」訊息。
39.當你打電話給第三個朋友，想討論面對暗戀對象下一步該怎麼做。
40.當你應該認真工作，卻把所有心思都集中在揣測對方對你真正的感覺。
41.當你想封鎖對方，又暗自擔心因此消除了對方回到身邊的所有機會。

42. 當你開始玩自己不喜歡的遊戲。
43. 當你覺得贏得對方的關注，比中樂透還要開心。
44. 當你太過羞恥，不敢因為和炮友分手而難過。
45. 當你因為想裝沒事，而感到更加焦慮。
46. 當你覺得為了讓對方喜歡你，必須掩飾真正的自己。
47. 當你覺得擁有另一半才能證明自己的價值。
48. 當你快被自己喜歡的人給逼瘋。
49. 當你的朋友們給了截然不同的意見，而你不知所措。
50. 當你覺得光是做自己還不夠的時候。

想找到真愛，得先拿出真心

我的交往過程是這樣的：四年來，我們兩人主動選擇展現自己脆弱的一面，做真實的自己，一點都不酷的坦誠相對——同時也彼此承諾，我們愛對方真實的模樣。

我曾經很猶豫，是否要用目前的感情當作這本書的例子，因為我們最終的目標並不是用這本書來找到交往對象。我不希望你讀完之後，覺得：「好的，這是幫助我引誘別人的新手段！這對凱蒂思有效，對我一定也是！」不，這不是我的重點。

即便是在認識布萊恩之前，「不怕已讀不回」的心態也幫助我克服了許多交往關係的焦慮，讓我更開心、對自己的模樣更自在，也讓我更能做自己。這就是這些概念的特殊之處，也是我從中得到的幫助。

布萊恩跟我可能明天就分手，而我會很難過，非常難過，但我能肯定的是，我會站穩自己的腳步。我不會因為他不喜歡我，就懷疑自己的價值。而回顧我們的關係時，我也不會有一絲一毫的後悔。

我不會覺得有話沒有說出口，或是沒有盡情享受交往的每個時刻。因此，假如他選擇明天就甩掉我，我最終也會說走得好！因為，他會懂我的。假如我不適合他，那麼他也不適合我。與其試著改變自己配合不願完全接受我的人，一個人生活或許還更快樂些。

這本書不是要幫你追到那個人，相信我已經說得夠清楚了。然而，假如追到那個人是你的目標，難道你不希望你們之間的一切是真實、真誠的嗎？

我們都值得遇見真愛，但壓力、焦慮和假裝不會讓我們得到真愛。真愛來自喜悅。真愛平靜、溫暖而真實。

假如這是你想要的愛情生活，那麼為了自己好，請不怕已讀不回。

國家圖書館出版品預行編目（CIP）資料

暈船診療室：解決現代人的數位愛情焦慮，辨識渣男，已讀不回是上好的測試劑！／凱蒂思・佳莉莉（Candice Jalili）著；謝慈譯-- 初版. -- 臺北市：大是文化有限公司, 2022.1
288面；14.8×21公分

譯自：Just Send the Text: an expert's guide to letting go of the stress and anxiety of modern dating.

ISBN 978-986-0742-92-3（平裝）

1. 戀愛　2. 兩性關係

544.37　　　　110013605

Style 057

暈船診療室

解決現代人的數位愛情焦慮，
辨識渣男，已讀不回是上好的測試劑！

作　　者／凱蒂思・佳莉莉（Candice Jalili）
譯　　者／謝　慈
責任編輯／張祐唐
校對編輯／江育瑄
美術編輯／林彥君
副總編輯／顏惠君
總 編 輯／吳依瑋
發 行 人／徐仲秋
會　　計／許鳳雪
版權經理／郝麗珍
行銷企劃／徐千晴
業務助理／李秀蕙
業務專員／馬絮盈、留婉茹
業務經理／林裕安
總 經 理／陳絜吾

出 版 者／大是文化有限公司
臺北市 100 衡陽路7號8樓
編輯部電話：（02）23757911
購書相關諮詢請洽：（02）23757911 分機122
24小時讀者服務傳真：（02）23756999
讀者服務E-mail：haom@ms28.hinet.net
郵政劃撥帳號／19983366　　戶名／大是文化有限公司
法律顧問／永然聯合法律事務所
香港發行／豐達出版發行有限公司
Rich Publishing & Distribution Ltd
香港柴灣永泰道70號柴灣工業城第2期1805室
Unit 1805, Ph.2, Chai Wan Ind City, 70 Wing Tai Rd, Chai Wan, Hong Kong
Tel：2172-6513　Fax：2172-4355　E-mail：cary@subseasy.com.hk

封面設計／柯俊仰
內頁排版／陳相蓉
印　　刷／緯峰印刷股份有限公司
出版日期／2022年1月初版
定　　價／380元（缺頁或裝訂錯誤的書，請寄回更換）
I S B N ／978-986-0742-92-3
電子書I S B N／9786267041161（PDF）
9786267041185（EPUB）
Printed in Taiwan